国家出版基金项目
NATIONAL PUBLICATION FOUNDATION

社会主义核心价值体系建设
"双百"出版工程

项 目

/ **100**位

新中国成立以来感动中国人物/

袁隆平

祁淑英/著

吉林出版集团 | 吉林文史出版社

《100位新中国成立以来感动中国人物》丛书

编 委 会

主　任　　何建明　蒋建农　高　磊

副主任　　孙云晓　徐　潜　张　克　王尔立

编　委　　王久辛　杨大群　黄晓萍　申　剑

　　　　　褚当阳　刘玉民　王小平　相南翔

　　　　　夏冬波　刘忠义　高　飞　陈　方

　　　　　阿勒得尔图　陈富贵

前　言

　　每个人的心中都多少有一点英雄情结，都向往英雄、景仰英雄。也正因此，在中华人民共和国建国六十周年之际，由中央十一部委联合组织开展的"100位为新中国戍立作出突出贡献的英雄模范人物和100位新中国成立以来感动中国人物"的评选活动中，群众参与投票总数近一亿。这其中的每一张选票，都表达了人们对英雄模范的崇敬之情，寄托着对伟大祖国的美好祝福。

　　一个民族不能没有英雄，否则这个民族就不会强大。当国家危难之时，懦弱者选择了逃避、妥协甚至投降，英雄们却挺身而出，用热血捍卫民族的尊严，人民的幸福。在创立和建设新中国的伟大历程中，涌现出无数可歌可泣的英雄模范人物。他们之中，有为了民族独立和人民解放而英勇牺牲的革命先烈，有为了党和人民的事业而不懈奋斗的优秀共产党员，有在全民族抗战中顽强奋战、为国捐躯的爱国将士，有英勇杀敌的战斗英雄和革命群众，有积极从事进步活动的著名民主爱国人士和国际友人……他们是民族的脊梁、祖国的骄傲，是激励全体人民团结奋斗的精神力量。

　　《100位新中国成立以来感动中国人物》丛书，就像一部星光璀璨的英雄谱，真实、完整地记录了英雄模范人物不平凡的一生，再现了他们非凡的人格魅力和精神世界。舍身堵枪眼的黄继光，拼命也要拿下大油田的王进喜，中国原子弹之父邓稼先，新时期领导干部的楷模孔繁森……一串串闪光的名字，一个个动人的故事，犹如群星闪烁，光耀中华。

　　当今中国正处于伟大变革的时代，迫切需要涌现出一大批勇于承担历史使命、为祖国和人民奉献一切的先进人物。在"双百"人物崇高精神的引领下，在建设社会主义现代化国家的征程中，必将英雄辈出。

生平简介

1930 年 9 月 1 日生于北平（今北京），汉族，原籍江西省德安县，现居住在湖南长沙。他是中国杂交水稻育种专家，中国工程院院士，被誉为"杂交水稻之父"。

袁隆平现任中国国家杂交水稻工作技术中心主任暨湖南杂交水稻研究中心主任、湖南农业大学教授、中国农业大学客座教授、联合国粮农组织首席顾问、湖南省科协副主席和湖南省政协副主席，湖南省农业科学院研究员。

袁隆平 50 年代就读于西南农学院。从 1964 年开始，研究杂交水稻，1974 年育成第一个杂交水稻强优组合南优 2 号，1975 年研制成功杂交水稻种植技术，从而为大面积推广杂交水稻奠定了基础。1980—1981 年，袁隆平赴美任国际水稻研究所技术指导。1991 年受聘联合国粮农组织国际首席顾问。1995 年被选为中国工程院院士。1995 年研制成功两系杂交水稻，1997 年提出超级杂交稻育种技术路线，2000 年实现了农业部制定的中国超级稻育种的第一期目标，2004 年提前一年实现了超级稻第二期目标。

从 1971 年至今，他任湖南农业科学院研究员，并任湖南省政协副主席、全国政协常委、国家杂交水稻工程技术研究中心主任。

他先后出版中、英文专著 6 部，发表论文 60 余篇。

他先后获得"国家特等发明奖"、"首届国家最高科学技术奖"等多项国内奖项和联合国"科学奖"、"沃尔夫奖"、"世界粮食奖"等 11 项国际大奖，并在 2006 年当选美国科学院院士。

2010 年 4 月，荣登"2010 中国心灵富豪榜首富榜"。

1930-
[YUANLONGPING]

◀袁隆平

目 录 MULU

他给世界带来了福音（代序）

　　袁隆平是中国土生土长的世界级农业科学家。

　　20世纪80年代初，当袁隆平被印度农业部前部长斯瓦米纳森博士庄重地领上国际学术会议的讲坛时，这位博士把袁隆平称为"杂交水稻之父"，并郑重地向各国专家介绍说："他的成就不仅是中国的骄傲，也是世界的骄傲。他的成就给世界带来了福音。"

　　90年代，当袁隆平站在美国罗德岛菲因斯特"拯救饥饿奖"的领奖台上时，美国前总统顾问、农业部部长助理帕尔伯格教授则称赞袁隆平："他的研究成果击退了饥饿的威胁，袁正引导我们走向一个营养充足的世界。"

　　这就是外国人眼中的袁隆平。

　　这位曾经在湘西一所农校里当了多年穷教员的农业科技人员，曾几何时，成了世界级的大科学家，成了中国最权威的学术机构之一中国工程院的院士。在世纪之交的喜庆日子里，党和国家最高领导人在人民大会堂向他颁发了"国家最高科学技术奖"证书和奖金；有关权威机构还把天上的一颗小行星命名为"袁隆平星"。几亿、几十亿人当中，有几个人获此殊荣！伟哉，壮哉，幸哉　袁隆平！

　　为这样一位人物树碑立传，理所当然。摆在我面前的是河北传记文学家祁淑英和她的女儿魏晓雯合著的传记文学作品《袁隆平传》。这是一部风格独特的科学家传记，我为它的出版感到由衷的高兴。

　　袁隆平出生在一个知识分子家庭，从小受到良好的教育。他的母亲发现这个幼小的心灵对大自然充满幻想，对绿色世界怀有一份爱心，便十分珍爱他的童心，逐渐培养他的兴趣。袁隆平少年时期，多难的祖国正受到日本的入侵，中华民族英勇抗战的壮举，激发了他强烈的爱国主义情感。当他开始懂事时，他意识到人生是一盘永远下不完的棋，他把自己当做一个过河卒子，拼命前进，永不后退。学农，是他人生的一个重大抉择。他把自己喻为一粒种子，不管撒在土地上的任何一处，都会生根发芽。袁隆平的性格中有其平和的一面，又很富于挑战性。他具有非凡的创新胆略，敢为天下先。他尊重权威，但不迷信权威。他对外国人的权威观点敢于质疑，大胆提出自己的创见。他的"水稻杂交优势利用"的科学选题，就是这样提出来的。在三年困难时期，他和广大群众一样挨饿，但他却以非凡的勇气向威胁着人类的"饥饿恶魔"挑战。他在人生道路上也经历了许多坎坷和磨难，但他相信，走过秋天的泥泞、冬天的风雪，就会迎来春天的曙光。他相信，穿行在磨难之中，他的智慧就会发出璀璨夺目的光芒，他经历了太多曲折，但他坚持"杂交水稻"项目的科学研究，与他的助手一起，在崎岖的科学道路上百折不挠地攀登前行，就像到西天取经的唐僧，经历了九九八十一劫难，终于获得了成功，达到了"光辉的顶点"。袁隆平人格之可贵，在于他是以他的创造勇气来从事自己的事业，又以平常心来对待自己的成就。他始终能以平常心来对待自己，拒绝做官，把自己留在科学家的角色之中。他效仿爱因斯坦，失意时不气馁，得意时不忘形，分外之事虽有利而不为，分内之事虽无利为之，始终安于自己的农业科学研究。袁隆平在科学研究上有着丰富的想象力，而在为人上却脚踏实地、忠厚诚实，具有中华民族的传统美德。他对家庭、爱情的执著，同他对科学的执著是一样的。因此，他是一个具有完整人格的人。我们从魏晓雯编著的《袁隆平传》中读到的就是这样一位科学家袁隆平。作家为我们提供了许多生动的情节和鲜为人知的故事，把人物的生存环境、社会环境和人文氛围都写得有声有色，人物性格呼之欲出，跃然纸上。

人生的抉择

二毛听妈妈讲故事

★★★★★

少年时代的袁隆平对绿色世界怀有一份奇妙的童心。他的母亲华静珍爱他的童心，善于发现和培养他的兴趣。

1930 年 9 月 1 日，那是一个风和日丽的初秋季节，在北平协和医院的产房里，一个新的生命呱呱坠地了。

新生儿是华静女士与袁兴烈先生所生的第二个男孩。

为了纪念次子降生于北平，袁兴烈先生按照袁氏家族"隆"字的排辈，为其取名隆平，乳名二毛。

小二毛和母亲在协和医院生活了 7 天以后，袁兴烈接妻儿出院。回家的路上，袁先生特意安排人力车穿过天安门广场。可以说，小二毛来到人世间，睁开眼睛看世界时，可能首先看到的是雄伟壮丽的天安门城楼，这是我们中华民族优秀子孙以自己特有的方式为新生儿举行的一次洗礼。

天安门是中华民族的一个象征。它是伟大祖国的瑰宝，是政治风云际会的场所，也是民族风情的画廊；同时，它也是一个民族文化意蕴的集中体现。它实在是一部奇书，一部面向宇宙默默打开的奇书。它写满神秘，它给人类社会留下的是清晰可见的无限想象的空间。袁先生作为一个爱国知识分子，每当步入天安门广场，一种民族自豪感便油然而生，他总会受到爱国主义的感召。这一天，作为父辈，袁先生有意将自己心灵的感召传递给幼子，传递给子孙后代。

袁氏祖籍江西省德安县青竹板坡。袁隆平的祖父袁盛鉴曾任广东文昌县县令。袁隆平的父亲袁兴烈毕业于东南大学中文系，早期在平汉铁路局供职；抗日战争爆发后，投笔从戎，在冯玉祥第二集团军任上校秘书；新中国成立前夕，在国民党政府侨务委员会任科长。在袁隆平的记忆中，父亲是一位典型的中国知识分子。他为人正直，讲究礼仪，严肃寡言，非常执著。

袁隆平的母亲华静，是一位扬州姑娘，自幼在英国教会学校读书，能讲一口流利的英语。她高中毕业后，担任小学教师，与时任校长的袁兴烈先生恋爱成婚。当他们的长子隆津出生以后，她便辞去了教师的工作，成为相夫教子的贤妻良母。这位贤良的知识女性，非常喜欢哲学，喜欢读英文版尼采的哲学著作，喜欢尼采的文字，喜欢尼采的激情。她说，尼采的所有文字都被激情的火烧得通红，烧得灼灼逼人。在尼采的作品里，绝对找不到语言的泡沫。

幼小的二毛，听母亲讲尼采，似懂非懂，直到长大后，他才读懂了母亲，读懂了尼采。

这位五个孩子的母亲非常注意对孩子们进行品德教育，注意开发孩子们的智商。她说，孩子们的智商如同一座宝库，品德和情操则是打开这座宝库的钥匙。这位贤淑的母亲将她那渊博的知识化成了一个又一个美好的故事，又用这些故事来培养孩子们的美好情操。

袁隆平很喜欢小时候妈妈给他讲过的一个很有哲理的童话故事：

有那么一只胖胖的狐狸，一天，它正在觅食，听见一群雏鸡唧唧喳喳地叫着，那叫声很甜美。狐狸听见那雏鸡王国的甜蜜对话，馋涎欲滴，便四处寻找其进口。终于，它发现了一个小洞。可是洞口太小了，它那肥胖的身躯无法进入。于是，这只狐狸便绝食5天，饿瘦了自己的身躯，终于穿过了那个小洞，贪婪地吃光了小院的雏鸡。这时，它发现自己那吃得鼓鼓囊囊的大肚皮无法钻出那个小洞了。无奈，它又绝食5天，再次饿瘦了身躯。结果，回到院墙外的狐狸，依旧是原来那只狐狸。

母亲讲过的这个故事，小二毛终生难忘。长大成人以后，他渐渐明白了母亲的良苦用心：善良的母亲是在用这则故事教育她的儿子，要学会节制自己的欲望。他也渐渐地体味到了古人说过的"无欲则刚"的道理。

一天，二毛好奇地问母亲：

"人是从哪里来的？"

自幼深受教会文化熏陶的母亲回答说：

"西方的《圣经》故事里说，人类的始祖是亚当和夏娃，他们是上帝用泥土造的。

"在我们中国也有'女娲用黄土做人'的传说。说是女娲用她那双神奇的手，把黄土和成泥，然后捏成一个个男人和女人，捏完后，她朝着那泥人吹出一口法气，于是，那一个个黄土泥人便有了鲜活的生命。从那时起，人类便繁衍生息，传宗接代……"

最后，妈妈深情地对二毛说："从前面两个故事可以知道，不管外国人还是中国人，归根到底，我们人类都是从黄土地来的。"

这两则神话故事，深深地铭刻在二毛的脑海里。妈妈还曾告诉他，我们吃的粮食是黄土地里长出来的，我们穿的衣服是用从黄土地上收获的棉花织成的布做的，我们住的房子是用黄土烧成的砖盖起来的……总之，我们的衣食住行都离不开土地。所以说，土地是生命之源。

"土地是生命之源。"二毛听懂了母亲的话，悟出了其中的道理，所以，二毛自童年时代起便开始对土地有着一种神圣的敬意。

袁隆平的启蒙教育，完全得益于会讲故事的母亲。少年袁隆平犹如一条清澈见底的小溪，在母亲的怀抱里轻轻流淌。那是一个编织美梦和幻想的年华，那是一个激情涌动的年华。教师出身的华静，非常珍视小二毛那涌动的激情。她以为，儿时的激情，是一种力量的源泉，是健康成长的原动力，是走向成功的起点。

二毛小时候随母亲在庭院乘凉时，最爱看天上那密密麻麻的星星。母亲告诉他，天上的每一颗星星，都与地上一个有名望的人物同属一个星座。为此，每到夜晚他总是痴呆呆地凝望着星空，寻找属于自己的那个星座。可是，星星太多了，哪一个是他的星座呢?有时，他看到流星的陨落，只那么一闪，就消失在夜空中了,这使他感到很茫然。他问过母亲，母亲告诉他，每当天上有星星陨落，地上便有一位有名望的人物死去了。唯有在银河两旁勤于耕作的牛郎星和勤于编织的织女星永不陨落。这时，小二毛便在心中默念着：我长大以后，一定要像牛郎那样，勤于耕种，收获很多很多的粮食，好让穷苦人吃饱饭。

二毛6岁那一年的初秋季节，他随母亲到汉口郊区一家果园去游玩。那果园真是美极了，那里有红红的桃子、绿绿的葡萄。果树之间的空地上，间种着在那个年代还稀有的西红柿。毛茸茸的枝杈上，结着红、白、黄、绿几种颜色的果实，煞是好看。还有那绿葱葱的片片竹林……小二毛爱上了这美丽的果园，爱上了这绿色的世界，他实在不愿离开这里。从此，每到桃子成熟的季节，他记忆中那个美丽的果园便飘进他的心灵，那果园在他心目中是一片永不消逝的绿洲，如烟如雾，如梦如歌。他意识到自己幼小的生命是与那绿色世界联系在一起的，是与大自然融为一体的。

就是这次郊游，奠定了袁隆平理想的基础，乃至影响着他的一生。

爱因斯坦5岁时就对罗盘产生了兴趣，最终成为物理学界世界级的泰斗；达尔文自幼便对身边的小动物爱得如醉如痴，他终于跨入了生物科学的殿堂，从而创立了"进化论"学说；少年时代的袁隆平便对大自然充满梦幻般的憧憬，对绿色世界怀有一份奇妙的童心。他的母亲华静珍爱他的童心，善于发现和培养他的兴趣。这位聪慧贤淑的母亲，自觉地意识到兴趣往往是成功的先导，在适宜的条件下，兴趣会给孩子确立未来的理想，它往往会成为他们矢志不渝的动力。

就在袁隆平降生的第二年，也就是1931年，发生了震惊中外的九·一八事变。九·一八事变之后，1937年7月7日，又发生了卢沟桥事变，日军很快便侵入了华北，不久又将铁蹄踏向上海、汉口和广州。战火由北向南、由东而西地全面燃烧起来。许多不愿做亡国奴的同胞，扶老携幼，逃向大后方。在抗日战火的烽烟中，袁隆平一家与全国同胞一样，流离失所，逃向远离战火的后方。

1938年的春天，袁隆平随父母从汉口动身，乘坐一只小木船，由水路逃至湖南,历时 20 多天,到达湖南桃园镇。就这样,袁隆平在桃园镇度过了他短暂但终生难忘的梦幻般的"世外桃源"式的生活。

相传,这个桃园镇就是晋代大文学家陶渊明在其著名散文《桃花源记》中所记叙的"仙境",这里景色绝美,无与伦比。

桃园镇坐落在湘西北距"桃源"不远的地方。走出桃园镇,便有一条小路曲曲弯弯地穿行在桃林与竹丛中,骑在牛背上的牧童,提着竹篮在湖边洗菜的少女,农家的炊烟丝丝袅袅,团团片片,直上青天……这一幅幅天然图画,对于自幼在大城市长大的袁隆平来说,真是又新奇又美妙。所以,他很快便爱上了桃园镇的一切。

袁隆平一家人毕竟是来自文化发达的楚地,古文造诣很深的父亲感慨地吟诵着他所景仰的中国诗文的百代之祖屈原的一段千古绝唱:

> 与天地兮同寿,
> 与日月兮齐光,
> 哀南夷之莫吾知兮,
> 余旦济乎江、湘。
> ……

父亲吟罢屈原的这首诗,告诉儿女们:"屈原在诗中说的是他在一个多难的黎明来到湘楚。我们是在两千年后,因多难的祖国遭到日军入侵而来到了屈原落难时流浪过的沅水之滨。我们此时此地重温屈原的诗句，倾听他那哀叹，心中别有一番滋味……"

一向乐观向上的母亲华静却是随遇而安。

身处嫘祖的故乡，妈妈给他们讲述了嫘祖娘娘的故事：

"古代，我们的祖先原本穿兽皮，披树叶。自从嫘祖发明了养蚕、缫丝、织布，我们人类才告别了原始的穿着，人类的生活才变得越来越美好。

"嫘祖的故乡在湖南衡山的云毓山。一天，嫘祖上山采药，惊喜地发现许多白白胖胖的虫子(野蚕)在吐丝织茧。嫘祖想：这不就是'天虫'吗？于是她的灵感来了，她想，如果人们把这些'天虫'养在家中，要它们天天吐丝，再用它们吐的丝织成布，穿在身上，岂不好看些？岂不舒服些？

"就这样，嫘祖发明了养蚕织布。

"后来，嫘祖与轩辕黄帝结为夫妇，她经常随黄帝出游，足迹遍布神州大地。一方面，他们夫妇是为了民族的'大一统，大文化'的理想；另一方面，嫘祖在出游中，'教民育蚕制丝，织成布匹，以供衣服'。于是，养蚕织布的技术很快传遍神州大地。所以，后人把嫘祖奉为'蚕神'来祭祀，还把衡山的一座山峰称为'嫘祖峰'。

"远在商周时代，我们中国就能织出华美的丝绸和五彩缤纷的锦缎。早在公元前，我们国家的丝绸技术便传到了西方。到了唐代，我国的丝绸业已经很发达了。6世纪初，波斯帝国曾派专使来我国学习养蚕和纺纱织布的技术。我国的丝绸制造技术还通过丝绸之路，传到巴基斯坦、尼泊尔、印度、希腊和罗马。所以，希腊人干脆称中国为'丝绸之国'。

"嫘祖因为对人类的贡献实在太大了，所以有许多关于她的传说流传在民间。人们说嫘祖是追日的夸父和填海的精卫生下的女儿，所以，嫘祖身上具有父亲百折不挠的意志和母亲艰苦卓绝的精神。她曾经跟燧人氏学取火，随母亲参加填海工程。据说，她还曾带着自己纺出的五色丝线与发明星象历法的酋长竞选部落首领。"

二毛听完母亲的讲述，赞叹地说："嫘祖对人类的贡献太大了，我们后人应该学习嫘祖这种敢想敢闯的精神。"

二毛的话，备受母亲的夸奖。同样听故事，但二毛的脑海中却生出了如梦如幻的遐想。

桃园的春天景色宜人。桃花潭水绿绿的，岸边的小草青青的。桃花开了，玉兰花开了，浓郁的花香吸引着钟情于大自然的二毛。二毛用一颗童心，深深感悟着多姿多彩的美好春光。

 ## 多灾多难的祖国

★★★★★

　　重庆大轰炸这一页历史，折射出了日本军国主义者丧心病狂、惨无人道的强盗嘴脸；同时，也闪耀着中华民族英勇顽强、前赴后继、浴血奋战的英雄气概。这一页历史深深地留在了少年袁隆平的记忆中，从而，留下了一份爱国主义教材。

汹涌澎湃的长江，滚滚向东流去。

寒冬的长江上空，低沉沉灰蒙蒙的。袁兴烈一家七口人于 1938 年冬天，乘坐木船，沿长江逆流而上。

人所共知，行船走下水省时省力，"千里江陵一日还"说的就是这种情景。逆水而上，则费时费力，困难重重。有时遇上浪涌，撑一篙，还要倒退三尺。几乎一路上都需要纤夫拉纤。

善良的母亲看着纤夫肩上的道道伤痕，一声不响地回到船舱，拆了四毛的小花被，给纤夫缝了两条宽宽的纤绳套，找了丈夫的旧布鞋，送给那位年长的纤夫。

老纤夫感激地说："我们弄船人吃的就是这碗饭，哪一个弄船人的肩上、脚上不是血痕加血痕、老茧叠老茧啊!"

老纤夫们用力拉着纤绳，吃力地在行进……

二毛站立船头，怀着崇敬的心情全神贯注地凝视着岸上的纤夫。这时，小他四岁的弟弟四毛走过来与他玩耍，他没有理睬，四毛一怒之下，便将二毛哥哥推下船去。二毛虽然在桃园学会了游泳，但在湍急而冰冷的江水中却难以施展，只有拼命挣扎。老船工见状，不顾天寒水冷，纵身跳入江水，凭着他极好的水性，将二毛托出水面。二毛得救了，一家人感激老船工。他们忙着为二毛和老船工换衣服、取暖，四毛吓得哭了。就是从那时候起，二毛下定决心要学会在大江大河中游泳，长大要像老船工那样，遇险救人……

低沉的天空，朦朦胧胧的雾霭笼罩着坐落在长江与嘉陵江交汇处的巍巍山城。这座背靠青山、面向大江的山城，远远近近的景物显得模模糊糊，似乎被水浸泡过一般，湿漉漉的。不知在江上颠簸了多少个日日夜夜，袁兴烈一家七口终于到达了抗日战争期间的大后方——重庆。

尽管中华大地燃烧着抗日战争的烽火，但这座被称做陪都的重庆还是很繁荣的。

当年重庆的繁荣，当然是与两条江水分不开的。水的流通引来了舟楫，发展了水上运输。水上运输不仅运费低，而且因为江水夹在大山峡谷之间，这在战争年代比陆地运输更为安全一些。袁隆平记得，在离他居住的宅院不远处，一年四季都有载着瓜果蔬菜和粮食的船只往来。若是买菜买粮，只需走下临水码头就可以买到。每隔三五天，母亲还可在码头买到鲜艳的花束。

袁隆平的母亲是一位文化素养很高的女性，她天生喜爱花卉，也喜欢插花艺术。当年，袁家租住的房屋面积很小，母亲常说："室雅何须大，花香不在多。"母亲总是把房间收拾得整整齐齐，特别是母亲的插花，让整洁的小房间熠熠生辉。

母亲每逢从码头回来，总要捧回一束很便宜的野花。一开春，母亲便开始插花，最早是黄色的迎春花，而后便是白色的丁香花，接着是紫色的野蔷薇，红色的野玫瑰……秋天是金色的野菊花，冬天，母亲还在瓶里插上一两枝松柏枝。那松柏枝也给斗室带来满屋清香，几个孩子围着松柏枝写作业。母亲常给花瓶换水，有时见孩子们写作业累了，就给他们讲松柏树的风格。这位贤达的母亲，不只是希望孩子们努力读书，还希望他们有良好的人格和高尚的情操。

袁隆平小时候在嘉陵江学游泳，常从江边捡些好看的河流石带回家来，因为母亲喜欢收藏各式各样的河流石。母亲端详着花纹各异的河流石，对二毛说：

"二毛，这些好看的河流石，多少万年以前，它们也许有棱有角，有锋有芒，在漫漫历史长河中，它们也曾为改造大自然立下不朽功劳——用它们锋利的尖角开挖河道，用它们的身躯加固河床。那尖锋曾是我们祖先挑战大自然的工具。总之，它们曾是改天换地的先驱……

"一颗小小的石子可以找到自己存在的价值，我们作为一个人来到世间，决不可苟且偷生。作为一个人，能够去改造自然，让大自然变得更美好；作为一个人，能够去改造世界，使世界变得更理想。倘若我们每个人都能够发挥那种创造力，那么，这个世界将会变得更加美好。"

"妈妈，我们应该怎样去发挥自己的创造力呢？"二毛若有所思地问妈妈。妈妈告诉他：

"小时候，努力学习文化知识，长大了，用自己学到的文化知识做自己喜欢做的事情。"

一天，二毛捡到了一枚闪闪发光的河流石，小伙伴们都说这是一块天然钻石。二毛欢天喜地地跑回家里，拿给妈妈看。妈妈摇摇头说："这是一块漂亮的河流石，但它不是钻石。"

"那钻石是什么样子的呢？"二毛问妈妈。

妈妈告诉他："钻石就是人们常说的宝石。钻石有十几种色泽，但其中最优异的是那种无色的钻石。因为这种无色钻石在黑夜发出的光最亮，只有在漆黑的夜里，人们才能看到那令人叹为观止的色泽。"

妈妈看了看几个孩子，接着说下去："无色钻石的色泽真实而自然，质地非凡。同样，人生的色泽倘若是真实而自然的，那么他的气质也是非凡的。"

小二毛忽闪着一双大眼睛问妈妈：

"什么是人生的色泽呢?"

妈妈微笑着回答说:"虚荣不是,浮华也不是;得意的脸不是,骄傲的心也不是;名位不是,权势更不是。人生的色泽,是专注于自己所从事的事业;人生的色泽,应属于最美好的道德品格。"

在二毛家的院子里有棵橘子树,树冠尚小,枝杈也显干瘦,本无亮丽之处,可它却撑起了另一个灿烂的生命:一株花红叶绿的凌霄花正在攀缘着它生长。那凌霄花生来花朵张扬,藤蔓更为张扬,它在橘子树的树干上盘绕几圈之后,竟然爬上了树冠。

一天,妈妈走来,用剪刀狠狠地剪断凌霄花的枝蔓,并把它从树上扯下来,抛得远远的。二毛不解地问妈妈为什么把那么好看的鲜花给毁掉,妈妈问他是喜欢吃橘子,还是喜欢看鲜花?小二毛说两样都喜欢。妈妈说,二者不可兼得。二毛问为什么,妈妈告诉他,那凌霄花虽然很好看,但它太张扬了。它张扬着攀来攀去,它依附,它寄生,它吸尽橘子树的汁液,橘子树便要枯萎了。所以,二者不可兼得。

"勇于索取,也要肯于舍弃,二者不可兼得。"这是袁隆平成人以后从母亲的教诲中悟出的人生哲理。

袁兴烈一家人在重庆一住就是 8 年。父亲袁兴烈是一位学识渊博的军人,因积极抗日,颇得国民党将领孙连仲的赏识,被委任为第二集团军驻渝办事处的上校秘书。

随着父亲的升迁，二毛的家境也日渐好转。后来，他一家迁居到嘉陵江南岸，当年的门牌为周家湾狮子口龙门浩 27 号。

龙门浩这条长街，街巷深深，全由青石板铺得整整齐齐，曲曲弯弯地顺着山势向前延伸，两旁民房多是二层小楼，一片灰黑色。少年袁隆平走在这条长长的青石板路上，好像总也走不完。

1939 年 8 月，袁隆平与弟弟袁隆德一同走进嘉陵江畔的龙门浩中心小学读书。

嘉陵江，波涛滚滚，它穿过奇峰峡谷，来到山城重庆。一路上，时而汹涌澎湃，时而清澈宁静。袁隆平每天放学之后，邀上几个小伙伴，带上四弟隆德，跳入嘉陵江，游向江心，好不欢畅。

一天傍晚，父亲站在楼上远眺，发现嘉陵江中有两个黑点一前一后在游动。已经是放学时分，两个孩子却不在家中，他心中就有些疑虑，便拿来望远镜仔细观看。这一看吓了一跳：原来正是自己的两个儿子在江中游泳。他疾步走向江边，大声呼叫着，才把隆平和隆德叫上岸来。父亲责问二毛说：

"你自己喜欢游泳，水性也好，偶尔一游，倒也罢了，为何要带水性不好的小四毛一起来耍？"

"四毛水性不好更需要学习锻炼嘛！"

"出了危险怎么办？"

"请老爸放心，有我'浪里白条'在此，确保隆德平安！"

一句话，把父亲给说乐了。

"呜——呜——呜——"，急促、凄厉的空袭警报声，一次又一次在重庆上空响起。

预告空袭的信号弹，在引人注目的地方一次又一次升空。

紧接着，日军飞机飞临头顶。它们盘旋了两圈后，将重磅炸弹倾泻下来。顿时，爆炸声震耳欲聋，燃烧弹引发的冲天大火，烧向民房、高楼，美丽的山城变成一片火海……

袁兴烈不顾一切地带着两个儿子冲进防空洞。

空袭警报解除后，他们一家人聚在一起。这时，他们看到的山城已经变得面目全非，房倒屋塌，横尸遍地，惨不忍睹。

日军当年对重庆的轰炸，是 20 世纪历史上不能抹去的残暴的一页。日军对一个后方城市的轰炸，其规模之大，时间之长，对无辜百姓杀戮之残酷，在古今中外战争史上也是空前的。这一页历史深深地留在少年袁隆平的记忆中，从而更激发了他爱国主义的情感。

学校为了躲避日军飞机的轰炸，时常让学生躲到郊外的壕沟里去上课。就在那阴森森的壕沟里，袁隆平学会了他永生难忘的抗日救亡歌曲：

......

中国不会亡，

中国不会亡！

你看那八百壮士孤军奋守在战场！

四方，都是炮火，

四方，都是豺狼。

宁愿死，不投降！

宁愿死，不投降！

......

伟大的抗日战争，使整个中华民族经受了战斗洗礼,也使得袁隆平一家东奔西逃。国无宁日,居无定所。虽说家住大后方,最后定居在重庆,但屡遭敌机轰炸,屡屡迁居;食品和日用品极度匮乏,父亲的薪水入不敷出。昔日不愁衣食的高级职员,与全民族共同承受着生活的艰辛。自幼便受到爱国主义熏陶的袁隆平,总是怀着激愤的心情,在课堂,在游行队伍中,高唱一支又一支救亡歌曲。那一支支救亡歌曲,像一把把火炬,点燃在少年的心头:

> 同学们,
>
> 大家起来,
>
> 担负起天下的兴亡,
>
> 听吧,满耳是大众的嗟伤;
>
> 看吧,一片片国土的沦丧!
>
> 我们是选择战,还是降?
>
> 我们要做主人去拼死在疆场。
>
> 我们不愿做奴隶而青云直上!
>
> ……

袁隆平放学回家后,常和弟兄们同唱救亡歌曲,爸爸、妈妈也和着孩子们唱,唱得雄赳赳、气昂昂。

父亲告诉孩子们,日军从 1939 年至 1941 年对重庆大轰炸的 3 年间,不足 9 平方公里的重庆市,遭受了近万次空袭。这是人类历史上空前的惨剧! 父亲悲愤地说:

"你们弟兄应该永远记住中华民族遭受的这段悲惨历史才是。"

袁隆平眼含泪水,懂事地冲父亲点点头。

袁隆平在少年时代,最先听到的呐喊就是"抗日救国"。多灾多难的祖国,千疮百孔,给幼小的袁隆平心头打上了深深的印记。他从小立下志向,长大要成为一个与祖国人民同甘苦、共患难的有用人才。

1941 年 12 月 8 日凌晨，日军偷袭珍珠港，太平洋战争爆发，日本已无暇东顾。中国抗日战争时期的陪都重庆，恢复了昔日的平静，被日机炸毁的街面店铺和民宅开始修复，袁隆平的学习和生活也开始走向正常。

1942 年 8 月，袁隆平在龙门浩中心小学学业期满，考入重庆市复兴初级中学。刚满 12 岁的袁隆平，已经是中学生了。这时，爸爸、妈妈喊"二毛"少了，都改口叫"隆平"这个学名了。

进入中学以后，袁隆平感到很兴奋，因为中学增加了代数、物理等新课程。这些新课程，对于长于思考、喜欢提问的袁隆平来说，是很有趣味的。第一堂代数课，他便向老师提出了一个令老师难以说得清的问题：

"老师，负数乘负数，为什么会得正数？"

"小同学，你们刚开始学代数，只要准确地记牢法则，按照这条法则去运算就可以了。"老师说。

有一堂物理课，老师讲了著名物理学家爱因斯坦关于"物质能量"的方程式，袁隆平聚精会神地听完老师的讲解后，忽闪着一双大眼睛，好奇地问道：

"老师，为什么物质的能量和光速的平方成正比呢？"

这的确是一个难以解答的问题，它是著名科学家爱因斯坦本人花费了 10 年时间，于 20 世纪 20 年代才得出的一个著名的公式。但袁隆平的勤学好问，还是博得了老师的赞扬。

袁隆平的少年时代，几乎对身边的一切都饶有兴趣，几片落叶，一窝蚂蚁搬家，都能让他凝神一个时辰。朦朦胧胧之中，他开始思考生命的奥秘……

正是因为袁隆平有着一颗好奇、淳朴的童心，才有他成年以后在科研事业中的豁达、坚毅与率真。

袁隆平少年时代兴趣广泛，喜欢音乐，爱好体育，尤其酷爱游泳。他曾立志学习老船工过硬的游泳本领。在桃园，他学会了蛙泳和仰泳；来重庆后，又学会了自由泳，并且几次横渡长江。

抗日战争胜利后，由于父亲的工作又有变动，袁隆平一家人于1946年6月由重庆迁回汉口。袁隆平转入汉口博爱中学高一班读书。

1947年夏季，湖北省举行游泳比赛，袁隆平跃跃欲试。

当年，袁隆平尽管已经年满17岁，但因发育较晚，个子矮小，体育老师不肯推荐他参加市区选拔赛。

怎么办? 同学们帮他出了个主意——在汉口市区举行选拔赛那一天，他尾随参赛同学溜入赛场。选拔赛开始了，只见袁隆平那灵巧的身姿在游泳池里如同一条飞鱼，以奇快的速度冲向终点。他成功了，他获得了汉口赛区男子自由泳第一名。接着，他以预选赛第一名的好成绩，参加了湖北省的省级比赛，获得湖北省男子自由泳第二名。可以毫不夸张地说，人们心目中的袁隆平，自青少年时代起便是智慧、执著、诚实、坚韧的典范。因为他有了这些美德，所以，无论遇见任何艰难曲折，他总是以坦然、自信和微笑来面对未来的漫漫人生。

➡ 立志学农

★★★★★

1949 年 8 月，19 岁的袁隆平进入农学院就读，立志学农。袁隆平把自己喻为一粒种子。种子选择了孕育它的土地。

1949 年夏季，袁隆平高中学业期满，面临着高考的选择。报考哪一所大学呢？

这一天，袁兴烈叫来妻子华静和儿子隆平，共同商讨隆平的发展方向。

当年在南京政府侨务委员会事务科任科长的父亲，期盼自己的儿子更有出息。因此，他希望隆平报考南京中山大学，以便日后学业有成，继承父业。

此时，袁隆平的思绪却飞向了汉口市郊外那个美丽的果园。那红红的桃子，那灿若云霞的樱桃，还有那青草绿树，都深深地吸引着他。每到桃子成熟的季节，记忆中的那片果园便飘进了他的心田。那美妙的园艺场吸引着他立志学农，那片果园在他的心目中如同一片绿洲，似烟似雾，如梦如歌……

他的思绪又飞回了重庆。迁居南京一年多来，他时时刻刻思念着重庆，他一直把生活了8年的重庆当做他的第二故乡。一曲四川民歌，一句四川乡音，便能把他带回到重庆周家湾的青石板街。这种浓浓的思乡情，常使他的心飞越三千里关山，飞回故地，他心中总是郁积着这种乡情……他怀念重庆，怀念那美丽的嘉陵江水，所以，他决心到重庆相辉学院去学农。

父亲见儿子低头不语，便问他：

"隆平，你未来的志向是什么？"

"我唯一的选择就是成为一个农业科学家。"袁隆平回答得很干脆。

"想成为一个身上充满庄稼味的学者吗？"父亲反问他。

"试想一下，这人世间倘若没有庄稼味儿，而是充斥着铁血味儿、硝烟味儿，该是多么可怕！"

这时，善良的母亲华静赶忙说："隆平，爸爸的意见你应当好好考虑。当然，你的理想也不错。古人说，皇天后土，衣食父母。立志学农也是一种不错的选择。"

颇具民主思想的父亲，深知儿子的性格，既然儿子已立志学农，只好尊重他的意见。便问：

"你想报考哪所学校？"

"我想报考重庆相辉学院农学系。"

父亲思忖了一下说："相辉学院倒是一所师资力量相当雄厚的高等学府。抗日战争期间，上海复旦大学曾西迁到相辉学院。"

显然，这位开明的父亲同意了儿子的选择。

1949年8月，袁隆平告别了南京，告别了父母，赶往他向往已久的重庆相辉学院。

袁隆平把自己喻为一粒种子。种子选择了孕育它的土地。

有人把生命喻为一扇门，不同的人，总是以不同的方式推开这生命之门。袁隆平却是以"立志学农"的方式，推开了他的生命之门。

抗日战争期间培育的"陪都文化"，在中华大地产生了巨大的影响和强大的凝聚力。新中国成立前夕，一大批青年学生从祖国的四面八方拥向重庆。袁隆平来自南京，他的好友梁元冈则来自香港。梁元冈在香港不堪忍受英国人的压迫和欺侮，毅然来到重庆。这些胸怀大志的年轻人，来到相辉学院以后，尽管条件非常艰苦，但生活非常愉快，思想非常活跃，学术气氛也很浓厚。一代朝气蓬勃的青年人，在"陪都文化"的影响和熏陶下，开始了他们的大学生活。

1949年11月，重庆解放了。山城在中国共产党的阳光照耀下获得了新生。

1950年11月，在全国高等院校调整中，一所新型的农业高等学府——西南农学院诞生了。西南农学院是由四川省教育学院、华西大学、四川大学、云南大学、贵州大学、川北大学以及相辉学院等10所综合大学中的农学系合并而成的，而后，又改名为西南农业大学。

袁隆平以饱满的热情投入到了这所新型的农业高等学校的怀抱之中。他乐观开朗，脸上总是挂着一种发自内心的笑容。从这笑容中同学们可以察觉到，他的心境是平静的，是坦然自若的。他在同学中的人缘极好，同学们都愿意与他交谈。在交谈中，同学们发现他不仅满腹经纶，而且还有满肚子的故事和笑话。所有故事一经他叙述，总是绘声绘色、惟妙惟肖。同学们发现他有一颗童心，都喜欢和他开玩笑。他喜欢看书，爱逛书店，喜欢购买英文杂志。课余时间，他在图书馆埋头阅读英文和俄文图书。他开始接触世界上知名的生物学家米丘林、李森科、孟德尔、摩尔根等各种不同学术观点和学术思想，并对他们每个人的学说进行比较和研究。他以为不应该单纯地、被动地去吸收科学知识，更重要的是要靠理性来判断其价值。理性的判断，往往是获得真理的桥梁。

当年，许多社会主义国家的学者对米丘林、李森科的学说推崇备至，但年轻的学子袁隆平却不盲从，他用自己的头脑去感悟、去分析。他以为，关于科学的诸多学说，不应为"耳目"所误，不应为世俗之偏见所淤塞，不应只停留在浅薄的感官世界里。学习科学知识，不应在入门之初就囿于某种偏见，更不应被偏见主宰。袁隆平作为青年学子的这番见地，险些给他的后半生招来灾祸。

袁隆平学习努力，但他不是书呆子。他的爱好十分广泛。他喜欢唱歌，也喜欢乐器。课余，他常哼一曲小调，把生活点缀得情味十足。他尤其喜欢小提琴。在他考入相辉学院不久的一天，他正在宿舍与同学们闲聊，忽然一阵优美的小提琴声，悠悠然向他耳边飘来。听得出，那琴声来自隔壁。他不顾一切地推开隔壁的房门，只见一位同学站立窗前，全身心地投入到了乐曲中。袁隆平如遇知音，诚恳地拜这位同学为师。从此，他省下父母给的零用钱，买了一把廉价的小提琴，随那位学友学习拉小提琴。那位同学鼓励他说："你的手很灵巧，乐感也不错，将来准行。"

果然，袁隆平不仅乐感好，悟性也好，进步很快。就在这一年系里举行的新年晚会上，他与那位学友演出了小提琴二重奏，很受欢迎。

西南农学院坐落在半山腰，山脚下便是嘉陵江。江上白帆点点，号子声声。有时他拿着一本书，坐在校园操场的台阶上，默默地注视着绿绿的嘉陵江水，羚听着那江轮上悠扬的汽笛声。他不仅是嘉陵江水的观赏者，而且是嘉陵江水的搏击者。每逢节假日，他便与几个会游泳的同学结伴到嘉陵江上畅游。他们故意选择水流湍急的地方，拼命地逆流而上。虽然累得大家张着口直喘气，但是他们感到一种拼搏的满足。来到岸上，他们便开始追逐嬉戏。那是一个无忧无虑的学子时代。

袁隆平"浪里白条"的绰号，从小学一直带入大学。到六江大河里去畅游，始终是他的课余爱好。

1951年春季，贺龙同志在成都主持了西南地区第一届运动会，袁隆平作为西南农学院的运动员代表，夺取了西南地区游泳比赛第四名。

大学时代的袁隆平，被誉为西南农学院的"体育明星"。

1951年夏季，在抗美援朝的热潮中，袁隆平怀着"保家卫国"的热忱，唱着"雄赳赳，气昂昂，跨过鸭绿江……"的志愿军战歌，走进重庆市征兵办公室，毅然报名参加志愿军，决心投笔从戎。

光荣榜贴出来了，袁隆平体检合格了，成了西南农学院被录取的 8 名飞行员之一。正当袁隆平一行人整装待发之际，国务院做出决定，急需要在校大学生参加国家经济建设，一律留校继续读书。尽管这次"投笔从戎"未能如愿，但反映了袁隆平热爱祖国，听从祖国召唤，全心全意为人民服务的思想。

转眼之间，袁隆平在西南农学院 4 年的学习生涯即将结束。毕业以后到哪里去？袁隆平面临着又一次选择。

从小学到大学，他在重庆整整生活了 12 个春秋。他爱重庆周家湾龙门浩的青石板街，爱重庆的嘉陵江水……他多么希望留在重庆的农业科研单位啊！

然而，学校发出了号召，号召应届毕业生到基层去，到农村去，到艰苦的地方去，到祖国最需要的地方去！

袁隆平经过激烈的思想斗争，在毕业分配志愿书上，毅然填写了这样几个大字：

到最艰苦的地方去，到祖国最需要的地方去！

别了，母校！

别了，龙门浩！

别了，重庆！

袁隆平拿着毕业分配通知书，赶往湖南省农业厅去报到。在那里，他知道了他要去的地方是湖南省最偏僻的湘西安江农校，他将成为这所农校的教师。

袁隆平始终把自己比做一粒种子，既然是种子，撒在哪里都会生根发芽……

默默耕耘

★★★★★

　　他把人生看做一盘永远下不完的棋，把自己比做一枚永不后退的小卒子。他这枚小卒子一定要拼命向前走，一定要走过河去，这是他人生的誓言。

　　袁隆平手里拿着湖南省农业厅的一封信，提着简单的行李，奔向了安江农校。

　　他先是绕道乘火车，再坐汽车，而后是坐马车，再后来便是背着行李，徒步翻越雪峰山，历时半个多月，行程 1000 余公里，终于风尘仆仆地来到了唐代著名诗人王昌龄被贬任职的黔阳县，那时叫龙标。诗人曾有诗句抒发自己当时的心情："莫道弦歌愁远谪，春山明月不曾空。"他走进安江农校，开始了长达 20 个春秋的教学生涯。

　　安江农校坐落在偏远的湘西，是由古老的圣觉寺改建的。校园被雪峰山环抱着，湍急的沅江水穿过峡谷，奔流其间。那高高的雪峰山，山势险峻，峭壁剑峰，一尊尊，一柱柱，高耸挺拔，令人惊叹。清清的沅水，顺山势流淌，一路留下长长的画卷。

走进校门，只见古松翠柏。几只老鸦栖息在古树的枯枝上，却不见泥塑菩萨。袁隆平不由得浑身一悚，他似乎品尝到了个中的寂寞。但他转念一想，寂寞也不是坏事，我国的荒刹古寺曾孕育了中华文明。唐代著名高僧玄奘从西域取经回来，在慈恩寺中埋头多年，将经文直译为汉文，成就了不朽的佛教文化；还有明清时代的"八大山人"、弘仁、虚谷等著名书画家，他们的作品也都出自古寺。诸多高僧在古寺中，潜心修炼，断了俗念，不再追求名利，后来却很有作为。

古寺除了可供农校使用的十几间空房之外，还有一口吊钟。每当上下课时，学校的勤杂工便拿一根耙齿在钟上敲上几下。那钟声十分洪亮，在山间久久回响。

因当时刚解放不久，我们的国家百废待兴，还拨不出更多的经费来扩建校舍，无力装备这所农校。

教师宿舍也很简陋。袁隆平住进了一间原来很可能是小和尚住过的老屋。这间老屋实在是太老了，土墙、木梁。站在屋里，上可见檩椽，下可见沙墙泥地。一扇破窗户四处透风。

不过，住老屋也有住老屋的乐趣，可与梁上双燕分享筑巢育子的快乐。只见那双燕子，在霏霏细雨中飞来飞去，几百次、几千次地往返，匆匆奔忙，衔泥筑巢。为了共同的使命，它们不辞辛苦，配合默契。第一天，一个半圆形的泥巢便有了一个轮廓；第二天，那泥巢中便铺就了软软的草褥；没过多久，燕巢里便传出了乳燕呢呢喃喃的叫声。于是，燕子一家的快乐时光便从此开始了。

年复一年，那双有灵性的家燕春天来了，秋天去了，年年与他相伴，年年带给他的是欢乐与祝福。

走出老屋，只见一条山石小路曲曲弯弯地通往校园深处。他凝视着这凹凸不平的小路，默默地感叹道：这曲曲弯弯的小路不正是象征着人生的轨迹吗？

来到地处湘西的安江农校，袁隆平首先想到的是少年时代母亲教他背诵的古文《岳阳楼记》。当年母亲要他们弟兄死记硬背：

……居庙堂之高，则忧其民；处江湖之远，则忧其君……先天下之忧而忧，后天下之乐而乐……

如今，他脚踏的湘楚大地，正是孕育这篇《岳阳楼记》的地方。这时他才懂得《岳阳楼记》所描绘的是一种典型的东方式的忧患意识和献身精神。应该说，这是出自湘楚大地的一种高洁的忧患意识，其不朽的魅力，在中华民族的历史上，代代相传，生生不息。

袁隆平清醒地意识到，湘楚的人文精神，贯穿着一种博大气概，就在这片镌刻着《岳阳楼记》的土地上，诞生了数以千百计的名人学者。古代的周敦颐、王阳明、朱熹、魏源、王夫之等，近现代的谭嗣同、黄兴、蔡锷等，特别是 20 世纪初诸多革命领袖、元勋、将军，如毛泽东、刘少奇、彭德怀、贺龙等，皆出自湘楚大地。源远流长的湘楚文化，陶冶着湘楚大地一代又一代人的高尚情操。袁隆平想：自己既然投身于湘楚大地，就应甘愿将自己的根植于湘楚大地的沃土之中，以自己崇高的理想和不懈的努力去开创未来。

他爱上了湘楚大地，也爱上了安江农校依傍的雪峰山和沅江。这条湍急的沅江，发源于贵州与湘西交界处，原是由无数溪流、瀑布汇集起来的一条江水，流经湘西大地，汇入洞庭湖。她和湘、资、沅、澧等多条河流一起，以自己的乳汁滋润着湘楚大地，她们可以说是湘楚文化的渊源。他想到，自己的生命竟然与江水有着割不断的情缘。童年、少年的岁月先后在浩浩荡荡的长江边和嘉陵江边度过。分配工作以后，又邻沅水而居，傍沅水而眠。他觉得自己对大江大河总有一种精神上的皈依，总有一种柏拉图式的热爱。

初登讲台，袁隆平显得有些紧张，"咳！咳！"他连连咳嗽了几声，想以此壮壮胆子，果然有效。他挺了挺胸膛，心情平静了许多。这位刚刚走出校门的教师，带着一股青春的朝气站在讲台上，笑微微地向全班同学扫视了一遍，全班同学也都笑微微地注视着这位从大城市来的年轻教师。

开始讲课了，一字一句都那么清晰，同学们静静地听着。课堂里没有喧哗声，也没有哈欠声，偶尔有同学搞一点小动作，他依旧笑微微地走下讲台，爱抚地摸摸那位同学的头，一切又归于平静。一堂课下来，学生们都说，袁老师讲课很生动、透彻，听他讲课，很愉快，是一种享受。

下课了，同学们愿意围在他身边，听他讲一些很有趣的故事。同学们都喜欢他，觉得他像一个知识渊博的大哥哥。他爱同学们，同学们也爱他。爱，使得他与同学们很亲近；爱，使得他所教授的俄语和遗传学课的教学效果非常好。

安江农校的学生大多是山里生山里长的农村娃。学生们背着背篓，装着干粮来上学，来去一阵风，个个精精神神，爽手爽脚。因为常走山路，他们的脚板硬朗，肌肉结实。他们手勤、脚勤，做学问也勤。险恶的生活环境，将湘西人推到了生活的极限，使湘西人具有坚韧的生活张力和顽强的意志。所以，袁隆平越来越喜欢湘西人，喜欢安江农校和这里的学生了。

他说，学生学农，只靠在课堂上听课是不行的，必须边讲边实验，有时实验比讲课更重要。所以，他在搞好课堂教学的同时，利用课余时间，开展科学实验活动。学校的设备、经费、资料等缺乏，但这一切困难，都没能阻止他带领学生们进行科学实验。在科学实验活动中，袁隆平注意向实践学习，向农民学习。

春天来了，布谷声声催耕催种。成群结队的农民赶着水牛，扛着犁杖下地了。他们驱赶着笨重的水牛，拖着原始的犁耙，在层层水浇的梯田上耕耘、播种。待秧苗出水后，农民们又弯腰插秧、锄草……袁隆平热爱农民，当他带领学生们与农民并肩劳作时，俨然是个农民。

秋收季节，连续数日挥镰收割。每日天刚蒙蒙亮，袁隆平和他的学生们便来到地头，太阳落山后才收工，师生们个个累得筋疲力尽。

一年四季，春天播种插秧，夏季锄草浇秧，秋天收割耕地，他样样农活学着干，并抓紧课余时间，带领学生坚持参加生产劳动。而且，他还承担着俄语和遗传学两门课程的教学任务，其工作量之大，可想而知。

袁隆平在与学生并肩劳动中，经常给学生们讲劳动创造人类的道理。他说：

"劳动是光荣的，这不但是常识，而且是天条。劳动创造了人类自己，劳动产生了语言和智慧。倘若有谁不愿意承认劳动是光荣的，劳动人民是伟大的，那么，他就是不愿意站在人类的行列里。"

袁隆平崇尚劳动，心向民间最底层。袁隆平很快走进了学生们的心里，他总是善于让自己的心灵与学生的心灵相碰撞。课间，他坦诚地与学生们交流思想，与他们一起探讨生活的真谛和人生的意义，课余与同学们一块儿摸爬滚打，与同学们共同编织着美好的绿色梦想。

袁隆平在安江农校的日子虽然清苦，但在湘西那些农家学生的心目中，他过的还是上等人的生活。湘西的冬天，有时冷得出奇，很多同学没有棉裤穿，上身也只是穿一件没有衬衣的"空心袄"。遇上风雪天，冻得嘴唇发紫，浑身打哆嗦。袁隆平见了，赶忙把衣薄身寒的同学叫进自己的单身宿舍，翻箱倒柜，找出自己的绒衣、绒裤，拿出自己仅有的换洗的衬衫，以命令的口吻说："听话，穿上，一定要穿上！"一个又一个同学眼含泪水，接过袁老师手中的衣服，穿在身上。顿时，浑身暖乎乎的，心里也热乎乎的。

袁隆平是唯一来自大城市的教师。开始，人们觉得这位大城市来的教师，说话、走路都是文绉绉的，一双眼睛很是和善，又听说他是书香人家的子弟，能够背诵古诗词和熟谙四书五经，是重庆名牌大学毕业的。都说，像他这样有学问的人来到农专，真是屈才了。可是，他并不这样看。他感到委屈的，是这里太穷。袁隆平和其他教师一样，学生放学以后，还要到房前屋后挖野菜。那时没有煤烧，要靠自己上山去砍柴。上山砍柴，他不习惯穿草鞋，穿解放胶鞋又打滑，他干脆打赤脚。十个脚指头，如同十颗钉子，牢牢钉在山路上。渐渐地，肉脚板被山石打磨出一层层老茧，小刺扎不进，小石子硌不疼，跋山涉水，健步如飞。

对于袁老师在湘西大山里艰苦的生活，同学们都看在眼里，疼在心里。有时，袁隆平工作一天回到屋里，发现房间里堆满了野菜和柴草。这是怎么一回事呢？原来是学生们替他们的袁老师代劳了。

深受感动的袁隆平，这时便实实在在地体味到教师职业原来是这样好，讲台尽管很小，但却任他驰骋纵横，任他激情奔放。

给学生魅力，不给学生压力。教学与实践相结合，是他坚持的教学方向；与同学们一起认真钻研教材，但不神化教材，是他的教学思想；在教学中深化课堂知识，在实践中拓展学生的视野，是他的教学手段。

他知道，教师的工作是平凡的，但他却在平凡中默默耕耘。他懂得，教师的职业在于奉献，人生的价值也将在奉献中闪光。

那是一个"大跃进"的年代，也是在政治上"一边倒"的年代。袁隆平作为教遗传学的教师，在学术上只能向学生灌输前苏联生物学家米丘林、李森科的遗传学说。当年思想很单纯、态度很虔诚的袁隆平，曾按照米丘林、李森科的学说进行无性杂交实验，做营养培养，强化环境。

早在重庆西南农学院读书期间，袁隆平便接触了当时欧美著名的遗传学家孟德尔和摩尔根创立的染色体、基因遗传学说，知道它对良种繁殖发挥了重大作用。袁隆平凭自己的良知，理性地于20世纪50年代末期，大胆地向学生传授染色体、基因遗传学说，在课堂上讲解杂种优势利用在作物育种中的广阔前景。应该说，袁隆平是一位学识水平颇高，具有创见的遗传学教师。然而，他的学识水平，他的创见，后来却使他成了某些对他有偏见的人的活靶子。他曾为自己的创见付出了痛苦的代价……

坐落在湘西深山地带的安江农校，渐渐地将袁隆平熏陶出了庄稼味儿。湘西的大地接纳了他，湘西的庄稼人接纳了他。湘西的大地是宽广的，湘西的农民是善良的。

他带领学生们在稻田里搞试验，总是身先士卒，脏活儿、累活儿干在前面。他每每来到稻田里，总是弯下腰来，将鞋子扔到一边，脱下袜子，挽起裤脚，赤足踏田。脚板与泥土的摩挲，使他感到非常惬意，稻田里的那种芳香的气息，也使他陶醉。

锄禾日当午。太阳火辣辣地悬在当空，忙了半晌的农民懒懒地来到榕树荫下，袒胸露背，汗水淋漓，躺在青石板上，凉风习习吹来，好不惬意！此时的袁隆平，依然头顶烈日，在田里劳作。

"袁老师，该歇息了！"善良的农民呼叫着。

"袁老师，快过来抽袋烟吧！"已经将烟丝装好烟袋的农民大声招呼着。

袁隆平这才走近大榕树，坐在青石板上，从农民手里接过了烟袋，默默地、大口大口地抽起来。微风从沅水河对面吹来，挟裹着凉凉的水汽，汗淋淋的身子，顿时干爽了许多。每每与农民并肩坐在田头，他总有说不完的话。

一位作家曾说过："学者与平民之间，隔着一片苍翠的原野，如果学者越过这片原野，他就会变成一位圣贤。"就是从这个起点出发，袁隆平日后终于成为了一位"圣贤"。

在丑头，袁隆平与农民在一起，他可以听到许许多多关于雪峰山的传说。生长在这里的山民可以不停地讲出许许多多的故事，每个故事都是绿色生命的传说。例如，一个湘西汉子为了给乡亲们除害，怎样变做一只苍鹰；一位少女为了恋人，怎样化做了雪峰山的美女峰；普度众生的山神，怎样撒下一把珍珠，变成肥沃的稻田……

他发现山里人总是把自己的期盼化做动人的故事，化做美丽的传说。这一个又一个美丽动人的故事，构成了山民们对生命、对自然、对未来赞美的诗篇。

1957年，全国科学规划会议在北京召开，党中央、国务院号召全国人民向科学进军。这期间，袁隆平阅读了毛泽东主席在20世纪40年代写给毛岸英和毛岸青的一封信，信中写道：

岸英、岸青：

你们长进了，很喜欢的。岸英文理通顺，字也写得不坏，有进取的志气，是很好的。唯有一事向你们建议，趁着年纪尚轻，多向自然科学学习，少谈些政治。政治是需要谈的，但目前以潜心学习自然科学为宜，社会科学为辅。总之注意科学，只有科学是真学问，将来用处无穷……

袁隆平在毛主席要年轻人探讨"真学问"的思

想鼓舞下，敢想敢干，决心敲响安江农校向科学进军的大门。

20世纪50年代，那是苏联生物学家米丘林、李森科学说在中国盛行的年代。袁隆平作为遗传学教师带领学生们按照他们的学说进行试验。开头，他们选择红薯进行"无性杂交"。把月光花嫁接在红薯上，以期得到一个"无性杂种"——那就是要它上面结籽儿，可以进行种子繁殖，以节省大量种薯；地下结红薯，可提高单位面积产量。

当他们把月光花嫁接到红薯苗上以后，嫁接苗很快成活了，发芽了。要使其结籽儿，必须进行短日照处理。当年安江农校试验条件非常差，没有遮光设备，袁隆平将自己的床单和被单统统拿出来，用墨汁涂黑，充当遮光屏障。

由于袁隆平的精心培植，月光花与红薯的嫁接果然长势良好。地下长出了红薯王，最大的一蔸重达13.5公斤；地上也结了种子。为此，黔阳地委在安江农校袁隆平的试验田里召开了现场会，这使得安江农校的师生深受鼓舞。

这期间，袁隆平在米丘林、李森科关于"无性杂交"理论的指导下，带领他的学生们进行了多种作物的"无性杂交"，培育出了一批又一批农作物新品种。诸如把西瓜嫁接在南瓜上，长出了西瓜不像西瓜，南瓜不像南瓜的一种新瓜；把西红柿嫁接在马铃薯上，地上结出了西红柿，地下长出了马铃薯……

在"大跃进"的声浪中，袁隆平的试验成果备受赞扬。在全国跃进成果展览会上，有袁隆平科研成果的展台，记者蜂拥而至，全国多家报刊上出现了袁隆平的名字。

1958年，他怀着喜悦的心情，将嫁接培育的那些特殊种子适时播种。可是，长出来的作物却令他非常失望：月光花与红薯嫁接结出的种子，长出来的依然是月光花，地下再也不见红薯的踪影。其他那些奇花异果也毫无二致。于是，袁隆平对自己搞的"无性杂交"研究开始动摇了，对于李森科遗传学说中的观点也产生了怀疑。他想到，从遗传学的角度考察，他所进行的"无性杂交"试验，其变异性状不能遗传给后代，进行这样的试验，始终跳不出嫁接培养和环境影响的小圈子。他开始默默地问自己：进行这样的"无性杂交"试验，前途在哪里？

袁隆平敢于挑战权威，敢于挑战传统观念。在他看来，科学是老老实实的学问，是就是是，非就是非，来不得半点马虎和虚假。既然从事多年的"无性杂交"试验已经宣告失败，只好毅然抛弃它，大胆地去探索新的路子。

奥地利遗传学家孟德尔提出了遗传单位"因子"的新概念，阐明了关于生物遗传的基本规律，即分离定律和自由组合定律，并且提出了一整套科学的杂交研究方法，把遗传学研究从单纯的观察推进到定量的计算分析，为近代遗传学奠定了基础。

美国遗传学家摩尔根，在孟德尔定律的基础上，发展了孟德尔的遗传学理论，创立了遗传的染色体和基因学说，从而获得了1933年度的诺贝尔生理学奖和医学奖。摩尔根的染色体和基因学说，被誉为20世纪遗传学的重大发展。

然而，当历史推进到20世纪50年代，孟德尔、摩尔根的遗传学说却被前苏联和我国的某些学术权威视为异端邪说，被扣上"资产阶级反动生物学理论"

的帽子，受到批判。某些人企图以这种非常手段巩固米丘林、李森科绝对权威的地位。

袁隆平对"无性杂交"产生了质疑，结合实践，他既研究米丘林、李森科，又研究孟德尔和摩尔根，同时研究达尔文、魏斯迈，结合实践，进行比较和分析，用实践去检验，决心闯出一条属于自己的路。他想到，我们中华民族是一个创新的民族，也是一个保守的民族。这种保守来自于对大自然的依赖，来自于传统观念的束缚。崇拜传统观念，依赖自然，便是这种保守思想的体现。然而，当年的青年知识分子袁隆平由于既肯于学习科学理论知识，又重视科学实践，所以他总能够及时摆脱保守思想的束缚，总能够闯出一条属于自己的路。

在袁隆平看来，粮食作物是陆地上生态系统的主体，是人类赖以生存的基础；而水稻则是地球上主要的粮食作物。在这个地球上，玉米种植面积数第一，水稻种植面积数第二。可以这样说，在日常生活中，人和稻米是须臾不可分的。从某种意义上说，稻米养育了人类。

就是从这一年的春季开始，袁隆平选择了水稻纯系选育和人工杂交试验的科研课题。试验场地就设在学校分配给他的半亩自留地上。

从此，袁隆平踏上了一条崎岖的探索之路。

水稻是自花授粉作物，杂交有没有优势？这种优势能否为人类所利用？袁隆平就是向着这样的问题发起了挑战。

1960年春天，袁隆平在他那半亩试验田里，把稻种播下去，几天以后秧苗出水了，绿莹莹嫩生生的，向他伸展着一只只嫩绿的小手，可爱极了。他看着它们一天天长大，而后为它们一个个安家，目睹着它们拔节、分蘖、抽穗，由嫩绿而变为深绿……

他认真地观察着每一株水稻的成长，一次偶然的发现，使得他的眼前为之一亮——他发现了一株"鹤立鸡群"的水稻。俏丽而挺拔的株形，手掌般的稻穗，那样生动、那样鲜活地呈现在他的眼前，它像是一位巍然挺立的俊美少年！他发现了它，如同发现了一座金矿，真是快活极了！想不到，这个偶然的发现竟然影响了他的一生。

他将这"鹤立鸡群"的稻株结出的 170 粒稻种精心收集起来，次年，播种在瓦罐的培养土里，栽插在窗前的试验田里。他看着它们一天一天地生长，如同注视着共患难的手足兄弟，感到一种心灵相通的愉悦。

然而，其结果却令他大失所望。那株原本优势很明显的种苗，其后代的性状竟然发生了分离，居然没有一株赶上它的前代。秧苗长势七长八短，抽穗后穗短粒小。袁隆平凝视着变异的稻株，突然眼睛一亮，灵感顿时涌上心头：那"鹤立鸡群"的稻株，是品种间的杂交优势现象，很可能是一株天然杂交稻的杂种第一代！

"啊，那正是一株天然杂交稻啊！"

这一判断在他脑海中确定下来以后，他便开始对那些变异的植株进行仔细的调查：高的、短的，早熟的、晚熟的……一株一株地记载，反复地统计、运算，证明这"杂种第一代"完全符合孟德尔学说的分离规律。

就在苦苦思索之中，他想到，第一年选育的那株"鹤立鸡群"的天然杂交稻并非纯种，所以，第二年出现了分离。倘若按那株杂交稻的产量来推算，那么，亩产可以达到 600 公斤，这便是水稻杂交的优势。

想到这里，他眼睛又是一亮：啊，水稻杂交原本有优势！

水稻杂交有优势，这是袁隆平从默默耕耘中得出的一个突破性的结论！这是具有划时代意义的结论！

就是这一株偶尔被发现的天然杂交稻，带给袁隆平灵感，带给他机遇，他的成功之路将从这里开始。

由此，袁隆平萌发了利用这种杂交优势提高水稻产量的设想。

就是从这株"鹤立鸡群"的天然杂交稻开始，袁隆平提出了一个重大的科研命题：要在实践中学会利用水稻的雄性不育系，学会利用水稻的杂交优势。

不久，袁隆平设计的一整套培育人工杂交稻的方案诞生了。他准备先培育不育系、保持系和恢复系，然后通过"三系"配套进行循环杂交，完成不育系繁殖，进行杂交制种并用于大田生产。

从此，"杂交水稻"这个概念伴随了袁隆平的一生，成为他毕生不懈追求的事业。

从此，美国哈佛大学的教科书《遗传学原理》将在袁隆平的手下改写；某些遗传学权威的结论，也将在袁隆平的挑战面前，不得不重新加以修改。

美丽的梦想

➡ 禾下乘凉梦

★★★★★

袁隆平在幽幽浮动的梦境里，看到水稻长得像高粱那么高，穗子像扫把那么长，籽粒像花生米那么大。几个朋友坐在稻穗下乘凉，是那么惬意，那么惊喜!

20 世纪 60 年代初期，中国处于一个饥荒的年代。连续 3 年的自然灾害，加上政策失误，全国范围内出现了普遍的饥荒。

饥饿之风很快刮进了湘西，刮进了黔阳城，也刮进了安江农校。无论是教师还是学生，每天靠五六两口粮度日，没有副食，没有油水，整天饿得饥肠辘辘。袁隆平也饿得浮肿起来，无力走动，无神看书，更谈不上带学生去游泳，只能坚持将每天的主课讲完。

在那个以瓜菜充饥的饥荒年代，袁隆平曾经被下放到艰苦的农村去锻炼改造。在农民的集体食堂里，他和当地农民一样吃的是一锅红薯藤煮的汤；饭是双蒸饭，用水蒸两次，称之为"增量法"，饭粒看着大，就是不饱人，吃下去一会儿就饿。当时，他就想：什么时候能吃上一顿饱饭就好了。

学校划给袁隆平一块山坡"自留地"，作为自给自足的菜田，以补充国家计划供应之不足。袁隆平与另外一位单身教师李国文合作，将他们的山坡地经营得绿油油的。春季里，鲜嫩嫩的卷心菜、菠菜、小葱使人垂涎欲滴；秋季里，红薯、白菜、白萝卜、红萝卜，还有香芋，令人羡慕不已。

因为袁隆平经营"自留地"有妙方，宿舍里的"存货"多种多样，加之他性格随和，谈吐风趣。冬天的夜晚，许多教师都乐意到他的宿舍去"会餐"，当然，其中也夹杂着"精神会餐"。

冬季天寒夜长，饥饿来得特别早、特别快，人们难以入睡。教师们聚在一起，少不了要谈吃的，他们绘声绘色地描述自己记忆中或向往中的美食。在每次"精神会餐"中，袁隆平都描述两道保留菜谱，一是川味鱼香肉丝，二是麻婆豆腐。他总是称赞川菜口味好，当然，因为教师多数是湖南人，所以，湘菜"好吃"的声音总占上风。然而，每晚参加"精神会餐"的，多是湘西的农家子弟，所以大家说得最多的还是农家饭菜。

秋天过去了，可以吃新米了。脱了谷衣的白米，圆圆的，白白的，非常诱人。对在饥饿中熬过一春一夏的人来说，吃上一顿香喷喷的新米饭真是一种享受。在湘西农家有一个规矩，第一锅新米饭可以敞开肚皮吃。袁隆平被一位学生家长请去吃新米饭。那学生替袁老师盛了满满一碗，一个大大的粗瓷碗拍得实实的，上面还堆了一个尖尖的"山"，真让袁老师哭笑不得。这学生是自己饿怕了，唯恐他的老师吃不饱啊！当然，学生也如法给自己堆起了一座"小山"。只见那学生张大嘴，三扒拉，两扒拉，如同风卷残云，霎时，那座尖尖的"山"不见了，一会儿，碗里也空了。

袁隆平端着自己的一座尖尖的"山"感慨地摇了摇头：唉，这是饥饿的年代啊！

一天，袁隆平怀着沉重的心情走在那条蜿蜒的小路上。冬天凛冽的寒风扑面而来。举目山川暮色，他不由得忆起了"山寒水瘦"的诗句。他远远望去，但见城边的沅水桥头挤满了人。他不由得快步走近人群，只见桥上横卧着两具枯瘦如柴的饿殍，围观的群众，人人脸上堆满了忧伤。

这惨痛的一幕，震撼了这位农业科学家的心，引发了这位农业科学家的责任感。

这惨痛的一幕，成为袁隆平前进道路上的动力，未来的"杂交水稻之父"就这样向着威胁人类的"饥饿恶魔"发起了挑战！

"改良品种，战胜饥饿"，袁隆平以一个农业科学家的良知，深深地思索着自己的历史使命，思索着自己怎样做才无愧于祖国、无愧于人民……

返回学校以后，袁隆平从《参考消息》上看到一条新闻：英、美遗传学家克里克和沃森根据孟德尔和摩尔根的学说，已经研制出了遗传学分子结构模型，使遗传学研究进入了分子水平，从而获得了诺贝尔奖。

不久，他又从一家学报上获悉：遗传学不仅在理论上获得了重大突破，而且在生产实践中也取得了明显效果，例如杂交高粱、杂交玉米、无籽西瓜等，已经广泛应用于国内外生产。孟德尔、摩尔根遗传学说所取得的成果是显而易见的。

被孟德尔、摩尔根遗传理论吸引的袁隆平，决心按照他们的理论，在科学试验中进行新的探索。

他的做法是：特殊培植一些表现优异的植株，待秋季将优良种子筛选出来，第二年播种后，观察其表现，并依次找出具有遗传优异性状的植株，经过人工去雄，再进行杂交。或者将混生在稻海里的雄性不育系的材料选择出来，备做来年试验。

夏季是水稻扬花的季节，袁隆平依然劳作在似火的骄阳下。他整天哈着腰，将混生在稻田里的雄性不育系一株株、一穗穗地辨认出来，其艰辛可想而知。

我国农民最朴素的品质就是忘我劳动，在劳动中，他们几乎忘却了自己。袁隆平似乎已经被磨炼成了这样一个忘却自己的淳朴农民。

"烈日炎炎似火烧"，他变得汗霜满衣，皮肤黝黑。常年扎在水田里不怕吃苦的农民都交口称赞袁老师"干活太实在"。他时常是头顶烈日，一头扎在稻田里，久久不肯出来。很多农民惊叹地说：

"袁老师，你跟我们吃这份苦，到底为什么？"

他到底为什么？

他为了探究水稻生存的秘密，为了使我国农民摆脱贫困，为了向饥饿挑战。

简单、大度、乐观、奉献的生活，是一种智慧的生活。这种智慧的生活，会培养出气度恢弘、性格坚强的人。校方不必给袁隆平规定什么制度，他会自觉地专注于自己的事业。他安贫乐道，不惧困苦，不怕失落，他会从杂交水稻事业的每一个微小的进展中得到鼓励，得到灵感，而从不计较个人得失。

水稻不会说话，或者说人们听不懂水稻的语言，但是，水稻与袁隆平却可以无声地交流。每当微风拂过，所有的水稻便相应相和，翩翩起舞，在田间沙沙作响。袁隆平则以为那正是天地宇宙中最和谐的交响乐曲。

他那记录杂交水稻的图纸上，各种标记，各种颜色，各种符号，在他看来，那是世界上最美丽的图画。

秋收季节，他抚摩着那一粒粒饱满的种子，感悟到了一个个滋润而饱满的生命。他似乎更喜欢用心灵与那一粒粒可爱的种子对话，这似乎充溢着辛酸和神秘的味道。

当年，米丘林、李森科的学说在我国遗传学理论中还占据着统治地位，某些有偏见的学者，嘲笑袁隆平进行杂交水稻的研究是搞"伪科学"。为此，袁隆平怀着强烈的探索知识、探索真理的愿望，赶赴北京，向北京农业大学的著名教授、著名遗传学家鲍文奎去求教。他走进鲍文奎教授的宅舍，顾不得寒暄，便开门见山地阐述了自己的观点：

"我认为李森科关于遗传学的著作中，空洞的哲学概念太多，用理性代替实践，他机械地把辩证法搬到生物学上来，是不是有点机械唯物论？"

鲍文奎教授很赞赏袁隆平敢于挑战权威的勇气，并且肯定了这位年轻人的独特见解。当年，鲍文奎这位对孟德尔、摩尔根遗传学早有深入研究的老一辈遗传学家，在袁隆平这位诚实的年轻人面前，也表现出了惊人的坦率。他说：

"李森科在某些方面不仅表现了机械唯物论，有些东西还表现了他的主观唯心论。对于任何学说都需要研究探讨，有比较才有鉴别，高山不弃寸土，大海不厌细流，实事求是才是做学问的态度。"

袁隆平聆听着鲍教授的教诲，连连点头称是。鲍教授问他：

"看来你对遗传学的研究很深入，你为什么要这样深入地研究遗传学呢？"

"我正在进行杂交水稻的研究，试图利用杂交优势使水稻种植达到高产。"

鲍教授赞同地点点头，而后，又意味深长地告诫这位年轻人说：

"俗话说：'江山易改，本性难移。'当然，这是指人性而言；可是，对于自花授粉的水稻来说，何尝不是如此。搞杂交水稻，改变水稻固有的本性，其困难可想而知。所以，年轻人，你要有冲破重重困难的思想准备啊！"

袁隆平依旧虔诚地点点头。接着，老教授转变话题，说：

"从事杂交水稻的研究，是洞悉生命的本质，推动生命进程的事业，也是培植人类文明的事业，从事这样的事业，是生命的价值所在，年轻人，我好羡慕你啊！"

听了鲍文奎教授的一番教诲，袁隆平深受感动。"学，然后知不足。"他带着"朝闻道，夕死可矣"的感慨，告别了老教授，匆忙赶回安江农校，更加坚定地继续从事他所钟爱的杂交水稻事业。

返回安江农校的一个黄昏，袁隆平在幽幽浮动的梦境里，看到在白雾蒙蒙、水天相连的地方，飞来一只洁白的鸟儿，鸟儿飞经的天空中，飘落下来一粒粒稻谷，那一粒粒圆润润的稻种，播入了灌满春水的稻田里。

不久，秧苗出水了，长高了，拔节、抽穗了……那一株株雄性不育系的株苗呈现在眼前了……

后来，那水稻长得像高粱那么高，穗子像扫把那么长，籽粒像花生米那么大。几个朋友坐在稻穗下乘凉，是那么惬意，那么惊喜！

他醒了，原来这是一个梦，那是一个非常美、非常美的梦啊！

 ## 山路崎岖

★★★★★

袁隆平望着那崎岖的山路，不知该向何方走去……

江南的雨，总是没遮没拦地飘飘洒洒，淅淅沥沥地落在橘子树上，落在苦楝树上。

雨天，人们纷纷从田间返回家。可是，袁隆平却打了雨伞急匆匆奔向他的试验田，他要在雨中观察秧苗的每一个细小的变化。

他撑着雨伞蹲在地上，全神贯注地望着雨滴淅淅沥沥地打在正在扬花的稻穗上。

这时，北面不远处的江面上，快乐的鸭子在江面上游动、潜水，时而仰起脖子吞食着水中的捕获物。他问鸭子："这该是你们最快乐的时光吧！"但鸭子不会说话，只是"嘎嘎嘎"地欢叫着，像是对他的回答。

小燕子一双双，一对对，擦着江面，在细雨斜风里箭一般地穿梭……

好一幅美丽的风景画，生活原本如此美好！袁隆平默默地激励自己，一定要以杂交水稻的科研成果装点这美好的生活。

他返回图书室，找到一份科学杂志，从中获悉，早在1926年，美国人琼斯便发现了水稻雄性不育现象。最早开展杂交水稻研究的是日本，而后，美国、菲律宾也开展了这项研究。尽管他们的实验手段很先进，但因技术难度大，所以他们的研究都先后搁浅了。因此，水稻杂交优势的利用是世界公认的难题。

然而，袁隆平偏偏要选定这个世界难题去解。

袁隆平清醒地分析了在我们国家从事这项研究的有利条件：

我们是古老的农业国，又是水稻的王国，有着众多的野生稻和栽培稻品种，蕴藏着丰富的种类资源；

我们有辽阔的国土资源，由此带来充足的气候条件，海南岛是理想的天然大温室，是育种工作者的乐园；

我们国家有优越的社会主义制度，可以在党的领导下协作攻关……

上述都是西方国家所不及的。

目标一旦确定，袁隆平凭着他那超人的智慧，便开始设计攻关的具体方案。

他设想首先利用水稻的天然雄性不育性，进而培育出不育系、保持系和恢复系，通过"三系"配套的方法，代替人工去雄杂交，从而达到杂种优势利用的目的。

袁隆平为"三系"配套设计了一张图表，这如同建造楼房，设计师需要先绘制出一张图纸来。袁隆平作为杂交水稻的设计师，率先绘制出一张不育系繁殖图，并首创"三系法"杂交水稻的理论设计和行动方案。

按照袁隆平的理论方案，要在自然界找到天然的雄性不育株，作为培育雄性不育系的试验材料。

这种天然不育株，生长在何处？其形态如何？这一切对袁隆平来说，都是未知数。

从1964年夏季开始，袁隆平扑进了水稻王国的怀抱，开始了一场特殊的战斗。

早稻吐穗扬花的季节多在6月下旬，那是湖南最为炎热的季节。因为袁隆平认定观察稻花在强光下效果最好，所以，他每天中午头顶烈日，准时走进茫茫稻海，千方百计寻找天然雄性不育株。

太阳火辣辣地直射在刚刚吐穗扬花的稻株上，也灼烤着在稻田里痴情捕获雄性不育株的袁隆平。

他沿着田垄一行行地寻觅。

他时而停下来，用放大镜观察着那纤纤开放的颖花。

直射的阳光灼烤着他的额头，额头上那一串串汗珠闪动着，滴在一朵朵绽放的颖花上。他无视那一串串汗水，也无视蠓虫的叮咬。

第一天过去了，雄性不育株毫无踪影。

第二天过去了，依旧两手空空。

第三天过去了，还是一无所获。

为了不让妻子给他送饭，他上午下班后，到家狼吞虎咽地吃几口干粮便下地。汗流得多，常爱口渴。口渴了，他便到附近农家小院找水喝。他先喊上几声，见人不在，狗也不在，便自己走进小院，摇动着辘轳，从小池塘边绞上一桶水，扳住桶沿咕噜咕噜地喝。待主人回来，他已喝得肚皮溜圆。主人看着这位浑身汗津津的袁老师说：

"你们这些有文化的人，咋个在田里干我们这'泥腿子'的活呀？"

"老伯,'泥腿子'活是这个世界上不可少的,没有咱'泥腿子',这世界上的人不就要饿肚子吗?"

老伯点点头说:"倒也是这么一个理儿。"

老人从上到下打量着袁隆平,赞叹地说:"袁老师真像是一个地地道道的'泥腿子'!"

眼见这个'泥腿子'光着脚,下身穿了一条短裤,赤着上身,肋骨根根分明。汗水从脸部,从那凹凸不平的胸部不断地渗出,又不断地滚落下去,时而一滴滴,时而一串串。

老伯再一次感叹道:"袁老师你可真够苦的呀!"

"老伯,吃得苦中苦,方得甜上甜呀!"

老伯再一次赞叹地点点头。

记得一位科学家说过:"古铜色的皮肤比任何服装都高贵,赤裸的脚比任何鞋子更美丽。"

已经是第13天了,希望依旧渺茫。这一天,他觉得非常疲倦,两腿发软,两眼直冒金星。他拖着疲惫的身躯好不容易走到田头的苦楝树下,身子靠在苦楝树上,昏厥过去了……

当他醒来,发现妻子邓哲眼含泪水,手拿水壶正在给他往嘴里灌"十滴水"。邓哲说:

"袁兄,你中暑了。"

"不碍的,这是常有的事情,缓一缓就好了。"

说话间,他咕噜咕噜喝完了一壶水,来到一丘早籼品种的稻田里,邓哲埋怨地说:"你不要命啦?"

"命还是要的,这条命还要跟时间赛跑呢,再不抓紧，过几天扬花季节就要结束了。"

科学家痴迷于自己的科研课题，有时令世人难以想象。在西方民间流传着一个笑话，当敌人的大刀架在阿基米德脖子上的时候，他从容地说："让我把这一道题解完。"让一个在官场上八面玲珑的人去理解袁隆平所从事的杂交水稻研究，他会惊诧得目瞪口呆。

这已是第16天了，袁隆平在那丘栽植着洞庭早籼品种的稻田里，依旧一垄垄、一行行、一穗穗地寻找。突然，袁隆平把目光定格在一株稻穗上，只见那个稻穗的雄花花药不开裂，性状很是奇特。他手拿放大镜，兴奋地喊道：

"找到了，我们终于找到了。"

他用放大镜看了又看：那株雄花很是异样，花药不开裂，雄蕊任其摇动不散粉。于是，他将这株早籼天然雄性不育株用布条系上，以作为标记。他小心翼翼地采集了花药，拿回实验室，在显微镜下，用碘化钾染色法观察花药的反应，证实了这是一株雄性不育株。

就这样，从1964年的六七月间到1965年的六七月间，袁隆平在安江农校四周的稻田里大海捞针，先后共勘查了14万余株正在扬花的稻穗，总共找到了6株雄性不育的植株。成熟时，他采收了第一代雄性不育植株的种子。

袁隆平把这些雄性不育株的种子视为珍宝。春天来了，他在试验田里亲自耕耘，亲自播种。那一粒粒种子抽出了嫩嫩的绿芽芽，它们在袁隆平的精心培育下，苗壮地成长着。秧苗的生长是不可阻挡的，是永恒的。同样，在科学家面前，变化和进化也是不可阻挡的，是永恒的。

经过两个春秋的试验，袁隆平对雄性不育材料有了初步的感性认识。他将水稻的雄性不育性分为无花粉型、花粉败育型、部分雄性不育型。他憧憬着通过进一步选育，可以从中获得雄性不育系、保持系、恢复系。

实现"三系"配套指日可待。因此，杂交水稻优势利用将成为可能，这将会给水稻生产带来大面积、大幅度的增产。

袁隆平将上述观点整理成第一篇论文，题为《水稻的雄性不孕性》，于 1966 年 2 月 28 日在中国科学院主办的《科学通讯》上发表了。

《水稻的雄性不孕性》这篇论文，内容新颖，见解独特。这篇论文的发表，对于杂交水稻研究具有划时代的意义——

这篇论文，吹响了向第二次"绿色革命"进军的号角！

这篇论文，引起了国内外科技界的高度重视！

这篇论文，是袁隆平一生命运的转折点！

1966 年，在文化大革命一片"打倒一切！""砸烂一切！"的声浪中，一张张大字报对准了袁隆平：

"彻底砸烂袁隆平反动资产阶级的坛坛罐罐！"

"哎呀，不好！"他赶忙奔向他三年来苦心培育的杂交水稻盆栽试验场——那里有他亲手经营的 60个"坛坛罐罐"呀！

可是，他去晚了！

只见水池边 60 多个栽种着杂交稻秧苗的钵盆全部被砸碎了，试验秧苗也被砸了个稀巴烂，丢得满地皆是。

袁隆平看着那被伤害的秧苗，对着苍天，悲怆地呼喊：人们啊，少点恶道，多点善道吧！少点仇恨，多点关爱吧!

他伫立在校园门口,望着那一条条弯弯曲曲的山间小路,看着那匆匆赶路的农民,感到很茫然。不知哪一条路是属于自己的,又不知该向何方走去。

他每每遇到挫折和困难,总会以湘西那一条条山溪作为自己的参照物。那一条条山溪一路流淌,总是曲曲折折,溪水从崖头跌落下来,便成为壮观的瀑布。这就使得溪水幻化成了另一番景象,展示了另一种风范,乃至达到了美的极致。

在恍惚之中,他被一阵骤然炸响的惊雷给震醒了。只见茫茫大地,雷击电闪,大雨倾盆。他突然想到,他的那些被摧残的秧苗又将要经受这倾盆大雨的折磨啊!于是,他从家中拿了一只手电筒,又抄起一把雨伞,急匆匆地向雨幕中走去。妻子邓哲赶忙放下怀中的幼子,也抄起一把雨伞追了上去。他夫妻二人在大雨的掩护下,悄悄地摸到了那个被造反派砸烂捣毁的"现场"。他们借助手电筒的光,将残存的秧苗一株一株地收拾起来,用衣服包好,准备悄悄带回家中。

他吞咽着苦涩,做完了这一切,似乎完成了他生命的一次飞跃。他想到杂交水稻终于没有全然离他而去,他以为他的生命又有了支撑点,他相信那可爱的绿色生命将会陪伴他终身。

西方的哲学家诺瓦利斯说:"天国就在我们身边的大地上。"真的,袁隆平以为,那几盆残存的杂交水稻就是他的天国。即使前方的路程依旧艰难,即使风霜雨雪依旧在四季轮回,也要让杂交水稻带给他的那份温情永存。当他干完那一切以后,他愉快地想到,天堂的乐土就在他的脚下延伸……

仰望着袁隆平这位饱受艰辛的科学家,笔者也想到了一位哲人的一段话:

上帝给了他智慧的同时，也给了他磨难；而只有在磨难中，他的智慧最终才会焕发出璀璨夺目的光彩。

　　当他们走在回家的路上时，风停了，雨止了，在漆黑的夜里走路，又刚刚偷藏了杂交水稻的秧苗，心里总觉得不踏实，害怕被人发现。校园里静悄悄的，远处传来一两声狗吠。天放晴了，幽暗的天幕上，繁星闪烁。忽然，附近有条狗汪汪地叫了起来，袁隆平的心紧缩成一团，他害怕黑暗中窜出一条恶犬。

　　这时候，只见两个黑影在他家门前攒动："是谁？"

　　"袁老师，是我们！"他的两个学生李必湖与尹华奇同声回答。

　　"袁老师，咱到屋里说话吧！"尹华奇说。

　　"哎呀，你们俩深更半夜咋敢到我家来？你们就不怕被人发现吗？"袁隆平一边给两个学生开门，一边说。

　　"我们都是响当当的贫下中农子弟，我们怕什么？"他二人同声回答。

　　"现在'文化大革命'势头正盛，你俩应站在革命群众一边，在这个节骨眼上，不应到我家来。"袁隆平忧心忡忡地说。

　　"袁老师，我们可不是那种随风倒的负义之人，我们只坚信袁老师的学问大，你搞的科学试验是为解决老百姓的吃饭问题，我们佩服你。"

　　"这么说，你们没有参加砸钵子？"袁隆平问道。

　　"袁老师，我们直说吧。"尹华奇说，"昨天，我们听到了要砸你的那些盆盆钵钵的风声。夜间，我俩便悄悄地赶往你的盆栽实验场，分别从无雄花粉、雄花粉败育和雄花粉退化等三种类型中各选了一盆不育系秧苗，藏在学校苹果园的臭水沟里……"

李必湖接着说："那臭水沟奇臭无比，无人光顾，是很安全的地方，杂交秧苗虽然少了些，但毕竟没有绝种啊！"李必湖情真意切地说："袁老师，我们很快就要毕业回乡了，倘若你在学校搞不成杂交水稻，就到我们村里去搞，我俩养活你，我俩继续当你的学生。"

袁隆平与妻子邓哲听了两个学生的一席话，激动得相对而泣。

袁隆平的一颗执著于杂交水稻的心被两个年轻人的举动震撼了，他苦心经营的雄性不育系终于没有被彻底毁掉。他想到，倘若这5年的心血被这场浩劫彻底毁掉，他该如何面对尚在饥饿中挣扎的同胞？他自己又怎能继续杂交水稻的研究呢？

值得庆幸的是，他遇上了忠于杂交水稻事业的两位好助手。他心里漾起一种自豪感。他感到，两位学生给他带来的这份意想不到的厚礼，似乎在向他昭示着未来的一线光明。

连日来，他对那些残存的秧苗倾注了全部的爱。当天空密布阴霾，当灾难临头的紧急时刻，他依旧毫不懈怠地将自己的才智和辛劳无私地奉献给杂交水稻事业。

这一天下午，学校文革办公室的一个佩戴红卫兵袖章的学生，叩响了袁隆平家的门扉。虽说袁隆平早已做好了挨批斗、关"牛棚"的思想准备，但这位红卫兵的到来，还是把全家吓了一跳。

"小同学，是要批斗我吗？"

"好像是今天晚上要开你的批斗会。不过，工作组王组长让我叫你到文革办公室去一下，我也不知道这是否与开批斗会有关。你准备一下，自己去找王组长吧，我要布置批斗会的会场去。"

袁隆平叩响了学校文革办公室的大门。见那里挤满了戴红袖章的红卫兵，人们唧唧喳喳，像是在争论着什么。在众目睽睽之下，袁隆平装做非常镇静的样子来到工作组王组长面前，问道：

　　"王组长，你找我有事吗？"

　　王组长点点头，轻声细语地说：

　　"袁老师，你等一等，我布置一下今晚的批斗会。"

　　只见王组长不慌不忙地向那些红卫兵们交代着什么，袁隆平只觉得脑袋发胀，他什么也没听到。然后王组长转身说：

　　"袁老师，这里人多，说话不方便，我们出去谈谈。"

　　王组长慢悠悠地，像与老朋友散步似的，把袁隆平带到了农校的试验田边，要他一同坐下，面对滚滚东去的沅江水，王组长慢条斯理地讲起了"文化大革命"中关于"抓革命、促生产"的政策。

　　袁隆平却心急火燎地说：

　　"王组长，你还是谈谈今晚上开批斗会的事吧！"袁隆平单刀直入地率先捅破了这层窗户纸。

　　"今天我们不说这个了，因为批斗会与你无关了。"王组长态度很平和，谈吐很诚恳。

　　似乎一切都烟消云散了。

　　人生如同登山，时而悬崖绝壁，时而峰回路转，时而山穷水尽，时而柳暗花明。

　　王组长把话题一转，对袁隆平说：

"袁老师，今天叫你来，是请你帮我选一块好一些的试验田搞晚稻，既要抓革命，也要促生产嘛！"他问，"你管的试验田是哪一块？"

"我管大垅6号，不过条件要差一些。"

"差一些没关系，就选你这一丘田做工作组的试验田吧。请你当工作组的技术参谋，要下力气，把产量搞上去！"

王组长与袁隆平的一席谈话，就这样出人意料地收场了。

人生的旅途真是崎岖不平啊，时而涉入急流险滩，时而穿越崇山峻岭。正当你感到疲惫不堪时，忽然间，眼前出现一块安全岛可以驻足小憩，该是多么惬意啊！

事情的原委是这样的：工作组和造反派已经决定把袁隆平定为批斗对象，并准备关进"黑帮"牛棚。材料报上去了，大字报和标语也刷出来了。就在这个时候，有人提出，袁隆平的家庭和社会关系也很复杂，既然要批斗袁隆平，就要查他的档案，要老账、新账一块儿算。于是，人们又七手八脚地查阅袁隆平的档案。这时，他们意外地发现了不久以前国家科委九局发来的一份关于肯定袁隆平在《科学通讯》上发表的《水稻的雄性不孕性》那篇论文的公函。

原来，袁隆平的论文发表后，国家科委九局的科学家熊衍衡看过之后，对这篇论文倍加赞赏，他断定水稻杂交优势可成为现实。于是，他将袁隆平的论文交给九局局长赵石英阅示。赵局长非常重视这篇论文，认为水稻雄性不育研究在国内外是一块未开垦的处女地，若能研究成功，将对我国粮食生产产生重大影响。他立即请示国家科委党组，党组书记聂荣臻表示支持。赵石英及时以国家科委的名义，向湖南省科委和安江农校发出便函。函中肯定了袁隆平在科学实践的基础上做出的预言：利用水稻杂交优势，必将给水稻产量带来大面积、大幅度的增长。公函还责成湖南省科委和安江农校支持袁隆平的试验。

工作组组长王宝林看了公函以后，觉得这事关系重大，要请示上级后才能决定。于是，他带着国家科委的这个函件，去请示原黔阳地委书记孙旭涛。待孙书记看完信函后，王宝林问道："袁隆平算不算保护对象？"

　　孙旭涛立即明确答复："当然算保护对象！"

　　就这样，袁隆平有幸又把他的杂交水稻秧苗从臭水沟里搬到了试验田里，工作组还特许他每天上午不参加运动，搞他的杂交水稻试验。真是天赐良机！

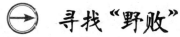

寻找"野败"

★★★★★

　　两年多以来，袁隆平和他的弟子们长途跋涉终于寻找到了"野败"，他们的杂交水稻研究，将因它而辉煌，将因它的发现而建立千古伟业。

　　尽管连续几年来，袁隆平所从事的杂交水稻研究进展缓慢，但是，他无怨无悔，不急不躁，心无旁骛地继续他的事业。

　　1970 年夏季，袁隆平在与日本学者交流时，确立了"此路不通走他路"的思维方式，这更加坚定了他寻找野生稻的决心。他认为，雄性不育系的原始亲本是一株自然突变的雄性不育株，杂交高粱的研究便是从天然雄性不育株开始的，因此，水稻也可能存在天然雄性不育株。

就这样，袁隆平和他的助手们很快跳出了单一的用人工培植雄性不育系的圈子。他对他的助手们说：

"要积极进取，勇于突破，不要总是依靠自己的经验在原地转圈圈。"

1970年仲秋季节，袁隆平带领他的助手李必湖、尹华奇再一次来到海南岛崖县南红农场，一边继续加代繁殖，选育C系统雄性不育材料，一边考察野生水稻资源。

为了寻找野生的雄性不育材料，他们常常十天半月穿越在茫茫荒野之中，往往是走到哪里就在哪里就餐，而且每每是伴着潺潺的泉水或者是清凌凌的溪水而就餐。

他们如同一支探险队，在一段时间里，到处寻找雄性不育材料。他们徒步跋涉，但他们的背包里，没有旅行者所必备的那些生活必需品，而是装着一穗又一穗的稻谷。

他们勘探一天，从荒原回到住所。袁隆平把长袖衬衫的袖子挽起，露出他那古铜色的双臂，他不系胸前的扣子，袒露着同样是古铜色的胸膛。弟子们戏称他们的老师"刚果布"。只听"刚果布"口中哼着小夜曲，弯腰从水盆里掬起水来洗浴。他把掬起的水泼在身上，凉润润的，当第一掬水泼在身上的时候，他为之颤抖。那一掬掬凉润润的水，流过他的躯体，他那消瘦而壮美的躯体。

夜晚，他还要踏着月色，去打理他的杂交稻试验田。

他披着月光，走在铺满月光的小路上，犹如置身于琼楼玉宇之中。袅袅清风，不时为他送来缕缕稻香，月光似乎把他引入了一种仙境，他不住得有一种飘然欲仙的感觉。

1970年11月中旬，袁隆平安排李必湖和尹华奇除经营他们的杂交稻试验田外，还要继续寻找野生稻。

其实，海南岛一带，野生稻资源非常丰富，分布也很广。当地人称野生稻为假禾。

一天，南红农场技术员冯克珊来到他们的住地闲聊，李必湖与他聊起了野生稻，并谈到了袁隆平为他们描绘的野生稻形态及其有关知识。冯克珊听了连连说：

"野生稻嘛，我们这里称之为假禾，有的，这里遍野都是。"

"那么，我们可以从野生稻丛中找到雄性不育材料吗？"

"试试看吧！"

就在1970年11月23日的上午，冯克珊与李必湖一同来到一座铁路大桥旁的一块沼泽地，沼泽地中生长着成片的杂草。只见两只野兔卧在草丛中，若无其事地啃噬着鲜嫩的绿草。当他们走过去时，那两只野兔一前一后地跑掉了。李必湖和冯克珊沿着野兔遁跑的方向看去，他们发现了一片野生稻。巧的是这片野生稻正值扬花抽穗的旺盛期，生殖性状很容易识别。李必湖跟随他的老师袁隆平辨别雄性不育株已有6年的历史了，他学着老师的样子，在野生稻群中一株一株地仔细观察，仔细辨别，一丝不苟地审视着这一株株花开正盛的野生稻。李必湖突然眼睛一亮，他发现了一株长得很异常的野生稻。它分蘖成三个稻穗，只见这三个正在扬花的稻穗，花药细瘦，呈火箭形，色泽浅黄，不开裂散粉。当李必湖断定这是一株野生的雄性不育株后，他二人怀着欣喜的心情，小心翼翼地将这株比金子更珍贵的野生雄性不育稻株连根带泥挖出来，用衣服包住，带到试验田里，同广矮3784栽植在一起。同时，李必湖给正在北京作理论探讨的袁老师发去了一封报喜的电报。

袁隆平在北京得知找到野生雄性不育株的消息时，欣喜异常。他连夜乘火车南下赶赴天涯海角。

当他来到南红农场时，恰好是次日的清晨，他来不及休息，便与李必湖一起，踏着晶莹的露珠，穿过迷蒙的雾霭，走近那棵野生的雄性不育株。在蓝天碧水联结的地方，只见那棵野生的雄性不育株静静地伫立着，披着迷蒙的雾霭，款款地低下了头。那绿色的长发，在微风中轻柔地飘着，那浅浅的乳黄色的长蕊，嫣然而笑，似乎在为远方的"情人"绽放着清香的花朵。

袁隆平分别采集了3个稻穗上尚未开放的小花朵，置于100倍显微镜下观察，看到了大量不规则形状的碘败花粉粒，经反复辨认后，他激动得大声叫好："妙，妙！这的确是一株天然的雄性败育野生稻！"他当即为这棵野生雄性不育株命名为"野败"，其含意就是野生的雄性败育稻。

两年以来，袁隆平以寻觅野生雄性不育株为事业。为了它，他天南地北地长途跋涉；为了它，他朝朝暮暮，不眠不休。当见到这株"野败"以后，他如同一位痴情少男，与他心爱的少女进行了一次心灵的对话：

好一个"野败"，总算找到你了。

我朝思暮想的"野败"，终于找到你了。

这么多年了，你总是躲躲闪闪的，你让我盼得好苦啊！

从那一刻开始，袁隆平日日夜夜守候在他心爱的"野败"身边。太阳、月亮和星星也轮流照看着他的"野败"。那"野败"如婴儿般元拘无束地舒展开双臂，生机勃勃地贴近身边成行的栽培稻。轻轻吹来的风，飘飘洒洒的细雨，从从容容的流水，使得它从浅浅的嫩绿变成浓浓的墨绿。袁隆平轻手轻脚地选择了精良的籼稻雄花为他的"野败"一次又一次地授粉。

"'野败'是怎样降临人间的呢？"

人们怀着好奇的心情询问袁隆平。

袁隆平稍加思索地回答说：

"它是一粒野生的种子，不知哪一类候鸟将它吞

△ 与国际水稻所库西博士（左一）在湖南省考察杂交水稻

进肚里，用它分泌的胃液将其雄性抹去了，而保留了它的雌性，并把它排出体外。命运使得这两粒种子在这美丽的原野落地生根，是李必湖和冯克珊的伟大发现，赋予了它生命的崭新意义。"

是的，袁隆平的杂交水稻研究，将因它而辉煌，将因它的发现而建立千古功勋。

"野败"的发现，为袁隆平的杂交水稻事业打开了突破口，这株"野败"，为杂交水稻科研事业的发展带来了契机，也使得袁隆平和他的助手们在杂交水稻的探索中出现了一个重要的转机。

自然与人原本是有诸多机缘的。黄河遇到了李白，才会有"黄河之水天上来，奔流到海不复回"的千古绝唱；长江遇到了苏轼，才会有"大江东去，浪淘尽，千古风流人物"的盖世词章；那"野败"遇见了袁隆平，才会有几千亿公斤杂交水稻的收获。

上帝给的并不多，上帝只给袁隆平三穗"野败"，然而，他抓住了，他成功了……

他像是到西天取经的唐僧，经过九九八十一道劫难，终于获得了成功！

袁隆平在科学研究中，敢于挑战权威，显示了他非凡的勇气和智慧。可是，他对同事、对他的弟子却非常随和，虚怀若谷。他重视人才，重视他的弟子们的每一项创新，每一项重大发现。

当他的得意门生李必湖发现"野败"以后，他们师生联手用正处于抽穗末期的籼稻品种广矮 3784 与"野败"杂交，连续 4 天，共杂交 8 个组合，为 65 朵雌花授粉。

1971 年 1 月，他采用共性繁殖分蘖的方法，把所得的 46 株"野败"栽种在试验田里。

南繁归来，他们把"野败"与广矮 3784 杂交的稻谷播进湘江河畔

△ 与助手在实验室通过仪器进行研究

的红土地里，经过几天寂静的等待之后，那杂交的稻谷很快破土发芽。袁隆平说："红土地是最诚实的，你给她什么样的种子，她就给你什么样的回报。你拿出的种子不一样，那么，到头来你所得到的也不一样。所以，我们要尽快拿出最好的种子交给红土地。"

袁隆平依靠"野败"这一颗颗甜蜜的种子，在这红土地上酝酿着"第二次绿色革命"。

那些"混血"的"野败"很快又要扬花了，倘若遇上雨后初晴，一阵风吹来，那稻花的芳香真是诱人啊！

袁隆平在日记里这样写道：

我们的杂交稻田是红土地上最美丽的风景，

那稻花，是世界上最芳香的花朵。

……

"野败"的发现，是我国杂交水稻科研事业的一个重要转折,但是,还必须经过艰苦攻关,对"野败"进行转育,才能把"野败"的不育基因转入栽培稻,进而培育出生产上所需要的雄性不育系。

野生的"母稻",即雄性不育系,因为它的雄花失去作用,便不能自花授粉了,这就需要为那野生的"母稻"选育与其相交的"父稻",即恢复系。"母稻"与"父稻"相间种植,"母稻"(即雄性不育系)接受"父稻"(即恢复系)的花粉而结实,从而获得大量杂交一代种子,满足大田生产的需要。然而,要使"母稻"的雄性不育品格能够保持——使"母稻"自身能够"传宗接代",还必须筛选出另一个父本水稻品种——雄性不育保持系,使它能够自交结实,即给不育系授粉后,能够保持其雄性不育性能。为此,袁隆平根据不育系、保持系、恢复系"三系"的配套关系,重新制订了新的行动方案。

第二年的3月下旬,"野败"重新来到天涯海角抽穗扬花了。袁隆平与李必湖、尹华奇、罗孝和等一起,用广矮3784、京引66、米特374以及意大利B等20多个品种的雄花与"野败"的雌花杂交,获得了200多粒杂交第一代种子——200粒种子。利用"野败"进行杂交,并育出了"珍汕97"不育系和保持系。

经过一年多的攻关,到1972年就已经选育出了一批不育系和保持系。

1973年,袁隆平和他的弟子们率先找到了一批优势很强的恢复系。至此,按照袁隆平起初对杂交水稻的理论设计——雄性不育系、保持系、恢复系"三系"配套宣告成功!

当初有人曾预言:"三系,三系,三代人也不成器!"而事实上,不足三年,"三系"配套便成功了。

"三系"的配套成功,预示着我国率先利用水稻杂交优势的时刻即将到来。

袁隆平以他的智慧、勇敢、坚韧和自信开创了我国杂交水稻的高产之路。

美国经济学家布朗曾经对中国的粮食问题提出质疑：谁来养活中国人？袁隆平用自己的成果回答了布朗的质疑：高科技养活中国人！

 ## 希望之光

★★★★★

在袁隆平看来，一粒种子也是一个生命。因为生命中不确定的因素很多，才需要一代又一代人虔诚地向前探索；因为人们总能够一步一步地趋向理想的彼岸，从而给予了袁隆平为之奋斗的希望之光。

袁隆平曾经给他的弟子们讲述过他所崇拜的苏格拉底的故事。笔者认为，两千多年以前，苏格拉底用他的思想，用他的智慧，为人类打开了哲学的光明之门；两千多年后的今天，袁隆平用他的智慧，用他的实干精神，为人类开创了一条水稻高产之路。

然而，袁隆平所开创的这条水稻高产之路并不平坦。

1972 年，袁隆平的助手罗孝和在湖南省农业科学院的试验田里搞了一丘 4 分田的"三超稻"（产量超父本、母本和对照品种）杂种优势试验。开头，长势超群，人们交口称赞。湖南省革命委员会生产组组长闻讯赶来视察，更是赞不绝口。这位原本支持杂交稻科研事业的组长，此时怀着欣喜的心情集合各地市革委会负责人和有关科技人员在"三超稻"试验田旁召开了现场会，号召全省各地市尽快推广杂交稻。

秋收季节，意想不到的事情发生了，那"三超稻"在打谷场上验产，稻草比对照品种增产了一倍多，而稻谷的产量却显得很一般，较之常规稻品种多不了几斤。

这时，原本反对杂交稻研究的某权威人士嘲笑说："可惜人不是牛，要是人像牛那样能吃草，杂交稻的优势就很可观了。"

这时，有人竟然指责湖南省农科院的一位军管组负责人说："你为什么要支持这种浪费钱财和土地资源而徒劳无益的研究？"

搞得那位军管组负责人无言以对。军管组负责人盛怒之下，把罗孝和叫到他的办公室，责问道：

"你为什么要欺骗领导？"

"我……我……我没有欺骗领导。"一副厚道相的罗孝和不知所措。

"你们知识分子，就会玩花招！"

"我……我……我没有玩花招。"

"有人骂你们是一群'草包学士'！"

拙口笨腮的罗孝和挨了一顿臭骂，忍气吞声地回到了他的住所，找到袁隆平无奈地说：

"袁老兄，有人骂我们是'草包学士'。军管组负责人的态度也变了，我们的杂交稻研究怕是要被取消了。"

袁隆平见罗孝和垂头丧气的样子，拍了拍他的肩膀，笑微微地说：

"罗老弟，要沉住气，我们是在搞试验嘛！既然是试验，就允许成功，也允许失败；失败了找原因，把胸脯挺起来，咱再从头来！"

袁隆平说："某些鼠目寸光的人，对我们进行的某些攻击是急功近利的，我们要充满信心地着眼于未来。"

一席话，把罗孝和给说乐了，他说："还是袁老兄比我高一筹啊！"

第二天，袁隆平又被那位政委找去谈话，当然，其谈话内容还是"三超稻"的问题。他问袁隆平：

"杂交稻为啥只增产稻草？你说杂交优势在哪里？"

"政委同志，增产稻草，也应当说是杂交稻的优势，至于怎样把增产稻草的优势转变为增产稻谷的优势，就看我们未来的试验了。"

"未来你们准备怎样试验？"

"我们继续寻找最佳组合。"

"照你这么说，杂交稻有优势，而且最终肯定不会光增产稻草不增产稻谷，是这样吗？"

"我可以向领导保证，一年以后，这样的优势便会显现出来。"袁隆平详细地向这位政委讲述了他敢于"保证"的理论根据和准备采取的实验措施。

"那就好。"政委的口气变了，脸色也变了，"杂交水稻还是大有前途的嘛！你们就大胆地去搞你们的'最佳组合'吧，我们将会一如既往地支持你们！"政委同志恢复信心后坚定地说。

直率、真实、睿智，这 6 个字不知是否能够勾勒出袁隆平的风貌。

当年，袁隆平把自己比做一株秧苗，需要沉默，需要耕耘，需要在耕耘中成长，需要在沉默中经受挫折与艰辛。当自己成长为千重稻浪时，人们自然会感悟到稻浪的壮美，赞美稻谷的奉献……

为了尽快开创一条杂交水稻高产之路，1973 年初春季节，袁隆平亲自在海南岛南红基地配制了 10 多公斤杂交稻种。回长沙后，分给他的助手们试种。

1973 年秋季，李必湖、尹华奇、罗孝和等在湖南省农科院 1.2 亩试验田里，种下了袁隆平配制的种子，虽然只中耕一次，施肥一次，可收获时，亩产高达 505 公斤。

杂交稻优势初露端倪。

这天夜间，袁隆平把他的小提琴带到了打谷场上，他要在夜晚纵情于他心爱的稻谷。他的演奏不是在灯光闪烁的舞台上，而是身处广袤的原野，面对滚滚无垠的金色稻谷，面对那熟悉的或是陌生的"泥腿子"。他以为，只有这样，才会强烈地感悟到那触及灵魂的音乐；他以为，他的音乐应属于"泥腿子"，属于他热恋着的有生命的稻谷。

袁隆平喜爱巴赫的作品，以为它充满激情，充满温柔，充满着生命的哀伤与欢乐。在这广袤的原野上，在这有生命的千重稻浪间，巴赫的音乐总是有力地回旋。他以为巴赫的音乐是对生命的诠释，因为它所表现的是绵延不绝的爱和恨、喜和忧、希望和绝望。总之，他以为巴赫的音乐是他走向成功的伴侣。

1973 年 10 月，袁隆平赴苏州参加了中国农业科学院在这里召开的水稻科研会议。在这次会议上，袁隆平宣读了他的又一篇论文《利用"野败"选育"三系"的进展》，他向来自全国各地的农业科学家正式宣告我国籼型杂交稻"三系"配套成功！

袁隆平在宣读完他的论文后，针对美国经济学家布朗的质疑，意味深长地讲了下面一段话：

"我们是炎黄子孙，我们为之自豪。我们不曾卑微，因为在人类长长的生命链条中，我们承前启后，正在从有限走向无限；

"我们也不曾骄傲，因为人类创造辉煌历史的长河中，我们未来的路依旧很长很长……"

袁隆平的论文及其谈话，在这次会议上引起了极大的震动。

袁隆平凭着他所特有的"灵感"，于 1974 年育成了强优组合"南优 2 号"，并于当年试种成功。

这一年，袁隆平在安江农校试种的"南优 2 号"杂交中稻亩产 628 公斤。

1974 年眼看就要过去了。这期间，杂交稻"三系"配套已经完备，高产优势也已经呈现在眼前，然而新的问题又出现了。

当年，他们制种试验田的产量很低，每亩生产杂交种子只有 5.5 公斤。提高制种产量，又成为袁隆平科技攻关的新课题。这一新课题攻克与否，成为了杂交稻能否大面积推广的关键。

古人说："天将降大任于斯人也，必先苦其心志，劳其筋骨……"袁隆平对杂交水稻的探秘总是百折不挠，为了攻克制种高产这一关，袁隆平守在制种田里，几乎不分昼夜。终日太阳曝晒自不必说，刮风了，下雨了，他也不肯躲避，时常戴着一顶破斗笠，留在制种田里，死盯死守。

他说，动物乃至人身上的内分泌也存在于植物、存在于水稻身上，这就是水稻的生物钟。杂交稻，什么时候分蘖，什么时候扬花，什么时候授粉结实，就是按那生物钟行动。袁隆平的行动也不得不听凭于这种生物钟的调遣，他用只争朝夕的精神跟踪植物的生物钟。

那生物钟终于被袁隆平破解了，"制种低产"之秘密——制种产量的关键在于水稻母本的花期是否与异花父本的花期准时相遇，异花父本的花粉能否借助风力和人力均匀地散落在不育系的母本花药上。

就这样，袁隆平从 1973 年冬季开始，在天涯海角不分昼夜地探索制种高产经验，亲自观察不育系母本和配制的父本的花期，并寻找叶龄与花期的关系，按照他探索的生物钟，推算播种期，采取父本与母本分期播种，调节花期，并辅以割叶、剥包、人工授粉等行之有效的综合性措施，终于提高了结实率。

1975 年春，湖南省协作组培植的 27 亩制种田，高产丘亩产超过了 50 公斤。1977 年，袁隆平系统地总结了制种攻关的实践经验，写出了《杂交水稻制种与高产的关键技术》这篇重要论文，揭开了全国杂交水稻制种高产的序幕。

为了解决花期不遇的问题，袁隆平还采取了另外一种补救措施。一般不育系的母本分为开花、盛花和谢花三个时间段，他围绕母本这三个时间段，将父本分三期播种，分别将三批父本的盛花期接连不断地对准母本的开花、盛花和谢花的三个时间段。这样，即使第一批父本的盛花期没有和母本的盛花期重合，第二批，第三批，总有一批能够重合，这样就可以确保万无一失。

于是，杂交水稻大面积高产制种的时机成熟了。

一粒种子也是一个生命。因为生命中不确定的因素很多，才需要一代又一代人虔诚地向前探索；因为人们总能够一步一步地趋向理想的彼岸，从而给予了袁隆平为之奋斗的希望之光。

 ## 沐浴在春风中

★★★★★

　　科学的春天来到了，袁隆平活得更洒脱了，人也显得更有朝气了，因为他能够沉下心来研究杂交水稻了。

　　1976 年 10 月，祸国殃民的"四人帮"被粉碎了，结束了"文化大革命"长期持续的内乱。国家和人民得到了挽救。

　　1978 年 2 月，袁隆平当选为全国人民代表大会代表，赴北京出席了第五届全国人民代表大会第一次会议。

　　1978 年 3 月的北京披上了崭新的春装。就在这个万物萌生的春天里，袁隆平怀着兴奋的心情步入全国科学大会的会堂。这次科学大会集聚了来自全国各地各个科学门类的 2000 多位科学精英。

　　就在这万物萌生的春天里，科学事业得到了

新生，千千万万的科技精英得到了新生。

中国科学院院长郭沫若在致辞中说：

"我们得到了第二次解放……，科学的春天来到了。"

就在这次科学大会上，党中央发出了提高整个中华民族科学文化水平的伟大号召。

就在这次科学大会上，邓小平在他的报告中深刻地阐明了科学技术是生产力，知识分子的绝大多数是工人阶级的一部分。邓小平在他的报告中澄清了科技战线的是与非，知识分子重新焕发了青春。

就在这次科学大会上，方毅作了《关于发展科学技术的规划和措施》的报告，在科研领域，我们的国家把农业科研摆在了突出的位置。抓农业，主要是抓粮食。水稻产量在我国居粮食产量的首位，所以，在改革开放之初，我们的国家便将杂交水稻的研究事业摆在了最突出的位置上。

在这次科学大会上，袁隆平真正读懂了"知识分子"的意义，读懂了"科学家"的含义，读懂了人生的价值。他想，人生犹如一本书，他参加的这次科学大会则翻开了他生命中最壮美的一页。

科学的春天来到了，噩梦一夜之间终结了。他以后说话再不用左顾右盼了，行动再不用瞻前顾后了。人们都说，袁隆平活得更洒脱了，人也显得更有朝气了。

科学的春天来到了，使得他能够沉下心来研究杂交水稻。的确，袁隆平庆幸自己赶上了一个天翻地覆的时代。回首过去，踏遍泥泞的步履，虽然有时歪歪扭扭，但还是一步一个脚印地勇往直前的。

袁隆平不想再追忆"文化大革命"中那些荒谬、恐怖以及使人痛苦的种种往事。因为，在他们这一代知识分子中，曾经有过类似经历的人实在是太多了。

但是，多年来，他常常会想起在不幸之中曾经感动过他，温暖过他，给了他希望和勇气的两位助手尹华奇和李必湖，还有他那贤淑的妻子邓哲，再就是从泥潭中把他拉上岸来的伯乐、国家科委九局局长赵石英。"滴水之恩，当涌泉相报"，对于有恩于他的人，他是不会忘记的。

至于他曾经遭遇的暂时的不幸，他以为对自己也许是一剂良药。他记得，美国的思想家爱默生说："即使天才的光辉像是滔滔不绝的河流，倘若不经过一段时间的闭门思过，若不重新掌握自己，必将造成致命的危害。过度的顺利，天才往往能成为天才的敌人。"

父亲生前也曾叮嘱他：苦难和挫折是人生可贵的一笔财富。

当年已经年逾四十的袁隆平似乎更加成熟了，似乎对人生有了更为透彻的顿悟。

孔子曾对自己的一生作过很有意思的总结：吾十有五而志于学，三十而立，四十而不惑，五十而知天命，六十而耳顺，七十而从心所欲，不逾矩。

孔子用这段话概括了一代圣人的伟大人生。

"四十而不惑"，这里的"不惑"是什么意思呢？是对以后的一切都不再怀疑，不再迷惑；是对生命的一种顿悟，一种理解，一种明澈。

看来40岁对孔子来讲是一个关键，他达到了一种自由、神圣的境界；对袁隆平来说，也是一次转折，在这改革开放的年代里，他将充分地展露自己的才华，以自己的才能，服务于伟大的祖国，奉献于伟大的时代。

从全国科学大会回来，袁隆平抑制不住内心的激动，见了他的同事和助手，心里总想笑。他不时说出一些令人捧腹的俏皮话，他那极俏皮、极幽默的语言，时时给他的助手们带来极大的喜悦，他对杂交水稻事业的热爱之情溢于言表。

迎着改革开放的春风，湖南杂交水稻研究中心成立了，袁隆平被任命为这个研究中心的主任。杂交水稻科研队伍日渐扩大，在袁隆平的率领下，这支队伍上下一心，加快了杂交水稻研究的步伐。

新的研究机构成立以后，袁隆平驰骋在广阔的田地里，一如既往地倾心于杂交水稻研究。回到那间斗室，他便专心读书，几乎阅读了所有能找到的古今中外关于遗传学的著作。他博学精思，结合丰富的实践经验，写出了大量的学术论文和专著。1976年，农业出版社、湖南科学技术出版社先后出版了袁隆平的专著《杂交水稻》和《杂交水稻简明教程》（中英文对照）。

袁隆平作为一位有突出贡献的科学家，理所应当地受到人民的信任和尊重，所以，渐渐地，一些荣誉和地位开始向他身上集结——

1978年2月，袁隆平出席第五届全国人民代表大会；

1978年3月，袁隆平出席全国科学大会并获奖；

1978年6月，袁隆平被评为湖南省先进教育工作者，并出席湖南省教育工作先进代表大会；

1978年10月，袁隆平出席湖南省科学大会，并获湖南省个人发明奖：

1979年，袁隆平当选为农业部科学技术委员会委员、中国作物学会副理事长、中国遗传学会理事、湖南省遗传育种学会副理事长、湖南省农学会理事。

……

不久，袁隆平正式调入湖南省农业科学院。中共湖南省委组织部的一位领导亲自找他谈话，说："组织上考虑到要充分发挥科学家的作用，考虑到你对党和人民的重大贡献，经研究，想让你担任省农业科学院院长，正厅级。"

对于一名在科研事业上已经功成名就的科学家来说，如果苟着这份显赫的资历，登上某个官位，也不失为一种明智的选择。然而，那绝不是袁隆平的选择。

有一位哲人说过这样一段话："人类生而具有权欲，即支配欲、控制欲。人类永远谋求一种凌驾于他人之上或超越他人的优越感。谁发现真理，就意味着真理的发现者优越于他人。因此，人们乐于宣称自己发现了真理。在某一领域内，谁创造了显赫的成果，就意味着成果的创造者优越于他人。因此，人们总是乐意充分展示成果，借而张扬自己。"

这位哲人的话没有错。的确，有谁不愿意展示自己呢？的确，谁不愿意让自己的生命展示到极限呢？而袁隆平却偏偏不愿意张扬自己。他总是保持一颗平静而淡泊的心，以不变之心，应万变之境。

袁隆平不假思索地回答组织部的这位领导：

"我这个人不适合当官，在我看来，当官有很大的局限性。别的不说，在搞科研攻关这一点上，它就没有我现在自由、自在、自如、自得。倘若当上官，整天文山会海，哪里还有搞科研的自由。"

"当农业科学院院长与你从事杂交水稻科学研究并不矛盾，都是搞业务嘛！"这位领导耐心地说服他。

"领导同志，院长我可当不了，省农科院那么大一个摊子，我怎么顾得过来？要我当院长，就意味着要我离开杂交水稻的科学研究，那可不行，我只做得好一个角色——农业科学家。"袁隆平继续推辞。

那位领导听了袁隆平的一番话，只好摇了摇头，遗憾地告辞了。

在袁隆平看来，自己是一个从事农业科学研究的科学家，在世俗和功利面前，自身精神价值的取向应该是纯净无瑕的。在袁隆平看来，人生学会拥有，也须学会放弃。

笔者以为，凡是善于有所放弃并善于有所坚持的人，都是自我意识很强的人。袁隆平便是这样一个自我意识很强的人。他曾读过英文版的《爱因斯坦传》。爱因斯坦就是一个自我意识很强的人，他因其科学成果与名望被国民推举为总统候选人，但他却婉言谢绝了。他终生老老实实地"蹲踞"在科学家的角色之中，最大限度地实现了他的人生价值。袁隆平总是重复着这样一席话：爱因斯坦的成就是我望尘莫及的，但我要效仿他的精神，失意时不气馁，得意时不忘形，分外之事虽有利而不为，分内之事虽无利而为之，终生安于自己的科研事业。

袁隆平始终把自己的精力放在研究杂交水稻的新品种、新体系方面，他总是极力避免涉足杂交水稻之外的事。

电视剧《戏说乾隆》中有那么一则故事——

一天，乾隆皇帝问刘墉：城门口进进出出的人究竟有多少个？刘墉回答乾隆：一共两个——一个为名，一个为利。

倘若读懂了袁隆平，就会感到刘墉这种两分法未必准确。笔者以为把世人分成有理想、有目标和无理想、无目标两类，是较为合适的。追求理想与奋斗目标，其实是一种献身精神。为了一个伟大的目标而拼搏，焉有不全身投入之理？袁隆平对杂交水稻的恒心，来自一种伟大的理想，来自一个伟大的目标。

绿色的神话

→ "东方魔稻"

★★★★★

世界粮农组织称:袁隆平创造了风靡世界的"绿色神话",袁隆平创造的"东方魔稻"的神话,征服了西方……

在改革开放的年代,杂交水稻的种植面积在全国迅速扩大。到 1983 年,杂交水稻的种植面积开始突破 1 亿亩。就连科技含量很高的杂交制种技术也已经从科技人员的手里推广到了寻常百姓家。随着农村联产承包责任制的实行,"三系"杂交稻成为了千百万农民的生财之道。

袁隆平带领杂交水稻这支大军开创了一片又一片新天地。

许多国际友人将袁隆平和他的助手们研制的杂交水稻称之为"东方魔稻"。

"东方魔稻",这一神话般的奇迹在 20 世纪 80 年代初的出现,使得拥有 10 亿人口的中华泱泱大国，将要走出"吃粮定量"的低谷，30 余年的粮食"统购统销"政策也将被改变，并且在世界范围内也掀起了一股股"绿色风暴"。来自世界各地的不同肤色的专家、学者赶来湖南贺家山、海南岛南红农场，参观的人络绎不绝。美国一位叫唐·帕尔伯格的农业科学家，在参观了袁隆平和他的助手经营的杂交稻田后，写了一篇题为《走向丰衣足食的世界》的文章。文章中写道：

在中国历史上相当长的一段时间内，饥饿始终是一个重要问题。这个国家拥有世界 1/4 的人口。虽然有严格的计划生育政策，但人口每年仍以 1.3% 的速度增长着。人均耕地只有 1/4 英亩，只有美国人均耕地的 1/8。所以，凡探索发起一场人类所期待的、旨在使世界人民的营养更丰富的运动，以及任何一项这方面的研究工作，都必须把中国考虑在内。

使得这位美国学者惊叹不已的是：

中国人已经学会了种植杂交水稻……目前在中国，杂交水稻的产量已经超过常规稻的 20%。这是他们在为满足数以百万计的中国人的粮食需求问题上所取得的重大突破。

这位美国学者对袁隆平的科研成果给予了很高的评价。他说：

袁隆平给中国争取到了宝贵的时间，他的研究成果击退了饥饿的威胁。袁正引导我们走向一个营养充足的世界。他还给极少数人上了难能可贵的一课——东方农业科学的成就，已经超越了它的发源地西方各国。

与此同时，国际水稻所所长斯瓦米纳森博士也撰写文章，对于袁隆平的科研成果给予了高度评价，他说：

袁隆平是世界上第一位成功地利用水稻杂交优势的科学家。袁隆平的科研成就不仅是中国的骄傲，也是世界的骄傲，他的成就给全世界人民带来了福音。因为袁先生所创造的"绿色神话"将有希望解决整个世界的饥饿问题。

一位美国农业科学家参观了"袁氏杂交水稻"以后，打了个响指，赞叹道：

这简直是袁氏绝唱！

1980年，美国最早与中国种子公司签订了技术转让合同。美国一些有识之士最早提出将"袁氏杂交水稻"推向全世界。

为适应全球杂交稻热的新形势，1980年9月到1981年9月，中国农业科学院和国际水稻研究所在湖南农业科学院主办了两期杂交水稻国际培训班。来自五大洲十几个国家的水稻专家赶往长沙市东郊的马坡岭，参加杂交稻培训班。袁隆平任主讲教师，他经营的杂交稻田就是这个培训班的实习课堂。

有一位外国学者称赞说：

"中华民族是一个了不起的民族，中国的愚公敢移山，精卫敢填海，夸父敢追日，中华民族是一个有着坚强意志的民族。在袁隆平身上，我们可以看到这个民族优秀子孙的良好品格。袁先生所创建的杂交水稻，当说是中华民族开掘出的新的瑰宝。"

的确，袁隆平的事迹，向全世界证实了勤劳勇敢的中国农业科学家在发展中国农业科学的事业和探索中，做出了巨大的牺牲，做出了卓越的贡献，从而，创造了风靡世界的"绿色神话"。

袁隆平创造的"东方魔稻"的神话，征服了西方，美国圆环种子公司总经理威尔其三次来华，中美正式签订了合同。合同规定：中方将杂交稻制种技术传授给美方，在美国制种。制出的种子在美国、巴西、埃及、意大利、西班牙、葡萄牙6国销售。圆环种子公司每年从制种总收入中提取6%付给中国作为报酬，合同期为20年。这是一项对于两国和两国农业科学技术都很有意义的合同，也是中国农业第一个对外技术转让的合同。

根据合同规定，袁隆平一行3人应邀到美国加利福尼亚州大学制种基地传授杂交稻制种技术。他们到美国不久，就应加州大学农学院的邀请，与教授、研究生们举行了座谈，并回答了他们提出的问题。后来又应邀参加了全美水稻技术会议。美国当地报纸、杂志和电视台专题报道了中国杂交水稻的成就和袁隆平等人到美国传授制种技术的消息。

一次，袁隆平身着中山装，在旧金山唐人街与当地《华侨日报》一记者相遇。开头，记者认为他是来美国学习先进技术的，当得知袁隆平是来美国传授杂交稻制种技术时，记者大为惊讶，立即跟踪采访，并邀请袁隆平到旧金山华侨商会座谈。

第二天，《华侨日报》刊登了"中国水稻专家来美传授技术"的大字标题新闻。旧金山电视台也竞相报道。这些报道，使美国人感到震惊的同时，也使中国侨胞深感自豪。

杂交水稻的出现，在世界上引起的震动是巨大的。日本出版的《神奇的水稻的威胁》一书中称："杂交稻这一海外传奇给日本带来了风暴。"甚至有些西方人把杂交水稻誉为东方文明古国——中国继指南针、火药、造纸、活字印刷术四大发明之后，对人类做出的第五大贡献。

袁隆平与美国朋友一起，经过连续3年的努力，解决了早熟、高产、优质米和机械化制种等难题。他们卓有成效的工作，深受美国圆环种子公司总裁约翰逊先生的赏识。

美国圆环种子公司还与日本三井公司联合建立了一个面向全球的杂交稻跨国公司，做好了推广杂交稻的组织准备和商业准备。

1994年2月，应美国得克萨斯州水稻技术公司总裁的邀请，袁隆平率团再一次赴美国休斯顿就共同开发两系杂交稻举行谈判，草签了湖南杂交水稻研究中心与美国水稻技术公司合作开发两系杂交稻的

△ 美国水稻技术公司人员来湖南省杂交水稻研究中心访问

协议。这一举措，不仅可以加快两系杂交稻进入国际市场的步伐，而且还能促使两系杂交稻研究的深入发展。

1994 年 9 月，中华人民共和国农业部正式批准了这一协议。这预示着杂交水稻走向世界又迈出了新的步伐。

 # "杂交水稻之父"

★★★★★

世界粮农组织称："我们把袁隆平先生称为杂交水稻之父，他是当之无愧的。他的成就不仅是中国的骄傲，也是世界的骄傲。他的成就给世界带来了福音！"

自 1979 年以来，按照菲律宾国际水稻研究所的安排，袁隆平不断出访世界各国，帮助不同肤色的民族培植杂交水稻。他多次赴菲律宾、印度、越南、马来西亚、缅甸等发展中国家，指导当地科学技术人员培植杂交水稻；赴美国、英国、法国、意大利、日本等发达国家登台讲学，传授技术，培训农业技术专家。

1979年春天，袁隆平应邀参加菲律宾国际水稻研究所举办的一次学术研讨会。

菲律宾国际水稻研究所是由美国洛克菲勒基金会资助的，是国际上最权威的水稻专门研究机构。它设在菲律宾首都马尼拉远郊的洛斯巴洛斯镇。

这次研讨会有200多位学者参加。中国科学院应邀组织了一个由4人参加的专家小组，袁隆平便是这个专家小组的成员之一。这个专家小组准备宣读的论文是袁隆平用英文撰写的，题为《中国杂交水稻育种》。

按照研讨会的规定，每个专家组由两人登台发言，其中一人宣读论文，一人现场答辩。中国专家组推举袁隆平宣读论文，推举中国农业科学院的研究员林世成答辩。但因为林先生对杂交水稻不熟悉，只好由林先生宣读论文，由袁隆平作现场答辩。

会议开始后，第一组由美国一位专家宣读论文，由日本的著名学术权威新城长友先生进行答辩。新城长友早在1968年便搞成了杂交粳稻"三系"配套，但因始终没有解决制种技术问题和F1代杂种优势问题而搁浅。但新城长友先生在学术上的创举意义是重大的。所以，他们的首席发言无疑是很成功的。

接着，当林世成先生宣读完袁隆平撰写的那篇论文以后，便由袁隆平进行答辩。

日本专家新城长友率先提问，他说："请问袁隆平先生，按你们论文中提供的表格，中国杂交水稻制种的异交结实率是相当高的，你们是怎样达到这样的高水准的呢？"

"我们认为最重要的一点就是要使母本不育系与父本的花期准时相遇，再施以人工辅助办法，施行人工'赶粉'。"袁隆平从容对答。

"请问袁先生，'赶粉'是什么意思？"一位澳大利亚学者问道。

袁隆平微微一笑，回答说："'赶粉'是我们中国人创出来的词汇。它的意思就是在杂交水稻不育系和恢复系扬花期的午间，人们拿一根竹竿，横向推动父本的茎秆，使稻穗大幅度摇摆，抖动雄蕊，使雄花粉四处飘散，这样，可以使母本雌蕊充分受精，从而提高结实率。我们中国人便形象地用'赶粉'两个字概括了这一整套操作。"

"袁先生的回答很有情趣。想想看，一粒粒小小的雄花粉，用人工的办法引它随风飘飞，当它如意地飘落到雌蕊柱头时，它们便会结出可爱的果实。那该是多么有趣的景致啊！"著名学者新城长友幽默而风趣的话语，引来满堂笑声和掌声。

新城长友接着问道："在我们的实验中常遇到这样一个问题，不育母本总有包颈现象，请问袁先生，你们是否遇见了同样的问题？怎样去解决？"

"是的。我们也遇见了同样的问题。我们目前所找到的办法是喷施'920'（赤霉素），刺激'母稻'抽穗。"袁隆平胸有成竹地回答道。

袁隆平的答辩得到诸多外国学者的赞赏。

1982 年的初秋季节。

马尼拉洛斯巴洛斯镇国际水稻研究所。

国际水稻科技界的又一次盛会在这里举行。

这一天，报告大厅的数百个座位座无虚席。

这是袁隆平第三次登上杂交水稻的最高殿堂进行演讲。

会议开始后，国际水稻研究所所长斯瓦米纳森博士将袁隆平引向主席台。

不久，投影机在字幕上赫然打出袁隆平的巨幅头像，头像下方，显现出一行特大号的黑体英文字：

杂交水稻之父袁隆平

报告大厅里立刻掌声雷动，经久不息。

斯瓦米纳森博士做了一个"暂停"手势以后，人们顿时鸦雀无声。只听斯瓦米纳森博士侃侃而谈：

"今天，我十分荣幸地在这里向你们郑重地介绍我的伟大的朋友、杰出的中国科学家、我们国际水稻研究所的特邀研究员——袁隆平先生。

"我们把袁隆平先生称为杂交水稻之父，他是当之无愧的。他的成就不仅是中国的骄傲，也是世界的骄傲。他的成就给世界带来了福音！"

掌声、欢呼声再次响彻大厅。

袁隆平站起身来，彬彬有礼地向来自世界五大洲的专家、学者深深地鞠了一个躬，然后用流利的英语说道：

"今天，能和各位老朋友在这里再次相聚，与各位新朋友在这里相识，我感到无比的愉快和荣幸。非常感激斯瓦米纳森博士对我的介绍和夸奖。我虽然在杂交水稻的研究方面做出了一点成绩，但不值得各位朋友如此隆重地推崇。我感谢大家的深情厚谊，并愿借此机会在这里表示，我们中国科学家非常乐意和世界各国科技界朋友互相学习，携手并肩，为科学的进步和人类的幸福创造出更多的新成果。我也希望在这里听到更多关于水稻研究方面的精辟见解和新颖思路，使我从大家的发言中获得更多的启发和教益。"

接着，他把话锋一转，继续说下去：

"我很希望杂交水稻的研究成果能够增强我们国家自己解决吃饭问题的能力；同时，也很希望为解决全人类仍然面临的饥饿问题做出自己的贡献……"

来自世界五大洲的专家、学者，有黄皮肤、黑头发、黑眼珠的，有白皮肤、黄头发、蓝眼珠的。不管来自哪一个民族，坐在台下的他们，对台上的袁隆平一致投去尊敬和钦羡的目光……

袁隆平和他的助手们，自1979年以来，先后飞往菲律宾国际水稻研究所20多次，或是与来自世界各地的专家、学者开展广泛协作，或是讲学，或是指导栽培，与各国朋友建立了深厚的友谊。

这位被国际同行誉为"杂交水稻之父"的袁隆平，对于研制杂交水稻的热情愈加高涨，他愿意研制出更多更好的大米，使普天下人民摆脱饥饿。他愿意将自己培育的优质米给每个国家的每个人都分得一份，整个地球村吃着一锅香喷喷的米饭，洋溢着全球一家亲的温馨，这是袁隆平此生追求的目标。

⊙ "自然探秘永无休"

★★★★★

　　有人说，袁先生那聪颖的大脑中，似乎潜藏着一座巨大的水稻宝藏，对这座宝藏的开采，似乎无尽无休。

　　20 世纪 80 年代中期，湖南省累计推广杂交水稻 1.4 亿亩，增产粮食 70 亿公斤，折合人民币 15 亿元，其重大成就蜚声国内外。

　　杂交水稻这项发明经过推广应用后，袁隆平获得了国内第一个特等发明奖，也是我们国家为农业科技人员颁发的唯一的一个特等发明奖。这项殊荣的获得是来之不易的，也是当之无愧的。

　　1985 年，袁隆平从国际水稻研究所获悉，全世界面临"人口膨胀，耕地锐减，粮食紧缺"的严重危机。但当时我国许多人被国内一时出现的"卖粮难"现象所迷惑，对于水稻高产的问题似乎淡漠了。这时，袁隆平却高瞻远瞩，大声疾呼，写出了《杂交水稻超高产育种探讨》一文。他怀着强烈的责任感，大胆地指出：

我国是一个 11 亿人口的大国，粮食仍是我国十分严峻的问题。我国以占世界 1/7 的耕地，养活占世界 1/5 的人口，提高粮食产量仍然是摆在中国人民面前的首要任务。目前，杂交稻虽然已应用于生产，但还有广阔的发展前景，还蕴藏着巨大的增产潜力……

不久以前，日本制定了一个水稻超高产育种计划，要求在 15 年内育出比现有品种增产 50% 的超高产品种。面对这一国际上的育种新动向和 20 世纪末把我国农业产值翻一番的任务，我们认为，我国杂交稻育种，在注意提高品质的同时，也须制定超高产育种研究计划。特别是杂交水稻，从产量育种看，具有很大的优越性，主要是杂种优势利用，能把形态改良同生理机能的提高密切而有效地结合起来，使生物学产量和经济系数都得到提高，既可增"源"，又可扩"库"。这就比一般的形态育种能产生更好的效果。

1987 年，袁隆平发表了具有里程碑意义的重要论文《杂交水稻育种的战略设想》，提出"三系法品种间杂种优势利用、两系法亚种间杂种优势利用和一系法远缘杂种优势利用"等这样三个战略发展阶段。袁隆平亲自主持了"水稻两系法亚种间杂种优势利用"课题。袁隆平牵头组建了两系法杂交水稻协作组。袁隆平以一个科学家的过人胆识和丰富经验，几度调整研究方案，使得两系法杂交水稻研究得以顺利进行。

1995 年，袁隆平郑重宣布：两系法杂交水稻研究基本成功。

在袁隆平两系法杂交育种理论的指导下，两系法杂交高粱、两系法杂交油菜、两系法杂交棉花、两系法杂交小麦等一系列新品种相继研究成功。

我国农作物育种出现了史无前例的辉煌局面。

人们感慨地说，在杂交水稻处于迷茫或转折时期，袁先生总能够提出正确的思路，令同行们茅塞顿开，眼前豁然开朗。为什么总会出现这样的状况？袁隆平的秘书辛业芸对此解释说："这就是袁先生胆识过人之处。面对困难，袁先生毫不退缩，总是善于抓住关键，凭借丰富的实践经验，为突破困难，做出理论设计，再到实践中寻求答案。从理论到实践，再到理论，再回到实践，直至获得成功，这就是袁先生成功的秘诀。"

袁隆平在自己书房内挂有自己写的一首七绝：

> 山外青山楼外楼，
>
> 自然探秘永无休。
>
> 成功易使人陶醉，
>
> 莫把百尺当尽头。

这首诗表达了袁隆平探秘杂交水稻永无休止的

△ 在两系杂交早稻试验田观察

决心。

有人说，袁先生那聪颖的大脑中，似乎潜藏着一座巨大的水稻宝藏，对这座宝藏的开采，似乎无尽无休。

袁隆平说："人类本身便是大自然的杰作。人体共有1万多亿个细胞。这么多的细胞，不仅能够互相协调，而且每个细胞都有其特殊分工，从而使整个人体处于高度有序的状态。"他说："最神秘的要数我们人类的大脑，它使人们有喜怒哀乐，还能够思维，能够理解，能够想象，能够创新。""人类是大自然生命的高级阶段，所以人类有义务把某些处于低级阶段的生命例如我们研究的对象——水稻，向高级阶段推进，再推进！"

 "新版的绿色神话"

☆☆☆☆☆

袁隆平的超级稻，被誉为"新版的绿色神话"。人们预测，这"新版的绿色神话"，将以更强大的生命力，风靡世界，席卷全球……

从东南亚传来消息，那一带许多山民曾有种植鸦片的恶习。当袁隆平的杂交水稻传到那里以后，他们看到了摆脱贫困的希望，许多山民改邪归正，纷纷种植杂交水稻。

袁隆平受聘担任了联合国粮农组织的首席顾问。他很愿意接受这份工作，因为他希望杂交水稻的成果不仅能够增强我们国家解决吃饭问题的能力，同时，也为解决全人类仍然面临的饥饿问题做出自己的贡献。

他积极帮助亚、非、拉发展中国家发展杂交水稻的种植，他连续到印度、越南、孟加拉、埃及等国家讲学，搞样板田，他把这些看作为人类谋幸福的崇高事业。

在印度，常有同行问起："你的信仰是什么? 西方人大多信上帝，我们是东方人，你应该是一个佛教徒吧? "

他从容地回答印度同行说："我是唯物主义者，信仰马克思，相信达尔文的进化论。"

但是，那位印度同行还是把他带到一座寺庙，去听佛经。那是一座规模很大的寺庙，住持正在上诵经课，几十位二十来岁的僧侣们围坐在大殿外的平台上。他抬头看去，只见那领诵的住持几乎是不动嘴唇，鼻音却很浑厚，据说这是经过专门训练的。突然，头顶上锣声响起，这锣声似乎便是指令，众僧侣听到锣声，诵经之声戛然而止，纷纷起座告退……

袁隆平默默地站立在寺庙前的一棵菩提树前，不禁想到了释迦牟尼。

两千多年以前的释迦牟尼不满足于宫中王子世俗奢侈的生活，当他看到大多数穷人备受生活的痛苦和折磨，便放弃王族华胄，出家修道，漫游四海，遍访名师，在菩提树下静坐，苦思冥想人生的真谛，终于领悟到了解决人生痛苦的办法。他自己从那个时候起，变成了菩萨，意即成了觉悟者，或是行善者。他以一个顿悟者的名义创立了佛教……

后来，这菩提树便成了"明辨善恶，觉悟真理"的佛树。它的每一片叶子上，似乎都题写着"大彻大悟"的语句，它的每根枝干，似乎都镌刻着祥语偈言，让亲近它的人们心灵得到净化。

在埃及的尼罗河畔，袁隆平也曾看到一棵菩提树。那株古树站立在古老的地平线上，与尼罗河几千年的文明相对应。它是一株具有很多年轮的古树。它的树干扭曲着，向后倾斜着，枝条虬结，似乎在仰天长啸，诉说着尼罗河畔的古代文明。

还有埃及金字塔前的狮身人面像是一位具有古典之美的守望者，尼罗河给了她生命，使她成为一位艳色美人。于是，她便以她的艳色年复一年、日复一日地守望着，守望着奔流不息的尼罗河水，守望着如歌的岁月，守望着人类的和平与幸福。

袁隆平心中默默地对她说：让人类永远仰望你吧，不仅仅因为你的宏伟和艳美，还因为你有一种对和平与幸福的默默祝福。

袁隆平作为一位和平使者，他的足迹遍及世界的许多角落。由于有极高的悟性，他总是能很快地融入当地的社会。他非常喜欢日本的茶道。其实，茶道源于中国，自唐代传入日本。日本的茶道，以它典范性的渗透力，培育了日本人民身心的精美格调。日本友人邀请袁隆平参加了东京的一次赏花茶事，历时 3 个小时。他端起那典雅的茶碗，茶色清绿，喝了一口，慢慢品味，只觉得满口的清香，满腹的清爽。

袁隆平从这次茶事活动中，深切地体味到茶事在日本完美地表现了人与人、人与自然统一的境界，一切都那么自然得体。日本人从事茶道那种精心准备、悉心运作的精神，潜移默化地渗透到他们的民族性格之中，从而使这个民族形成一种严格自律、悉心敬业、精细操作、自觉创新的良好品格。

袁隆平的足迹遍及全世界，他以一颗善良的心去感知世界每个角落的一切美好事物。

1988 年，袁隆平获英国让克基金会"农学与营养奖"。

初春季节，他偕夫人赴伦敦受奖。

在英国，他们参观了康桥大学。康桥大学造就了众多诺贝尔奖获得者，也造就了查尔斯王子等皇家贵族子弟。他们在国王学院的教堂前，在数学桥墙外的马路上匆匆留影，而后匆匆赶路。

康桥大学共有 35 所学院，袁隆平夫妇在向导的带领下，仔细参观了生物学院。

在康桥大学，到处都能见到鸽子。鸽子在古老的校园里漫步，自由自在，自言自语。

当夕阳西下，教堂钟声响起的时候，他们怀着依恋的心情，告别了康桥大学。

袁隆平与邓哲携手经历了二十多年漫长的跋涉，当他带着种种荣辱的印记走向一个又一个领奖台时，他心里总会涌起对相濡以沫的妻子邓哲的深深敬意。所以，他总愿意与邓哲分享那一个又一个幸福的时刻，共同领略世界各地的旖旎风光。

1993 年，袁隆平荣获美国菲因斯特"拯救饥饿奖"。初秋，袁隆平偕夫人赴美国布朗大学受奖。途经纽约，袁隆平特意携邓哲搭电梯登上美国著名的帝国大厦的顶端，饱览纽约风光。在帝国大厦顶端，当年可以看到纽约市的制高点世贸大厦的双塔和巍然屹立的高楼群。白色的，米色的，红色的，绿色的，棕色的，蓝色的，灰色的，各色高楼耸入云霄。它们的造型各领风骚，长方形，方形，圆形，菱形，应有尽有。古典的，现代的，构成了纽约市中心多姿多彩的建筑群。

　　与帝国大厦周围环境不相称的是纽约的赈济院，也就是纽约的贫民院。穿过百老汇那很长的大街，挤出那川流不息的人群，便是一家慈善机构，其规模很可观。那里有很多很大的房间，每个房间都挤挤挨挨地摆放着统一规格、统一陈设的床。一张床便是一个家庭，很多单亲母亲带着一个或两个孩子在这里生活。这里光线暗，空气污浊，卫生条件很差。因为纽约是商业荟萃、人口密集的城市，永远有大量失业的贫民需要收容。

　　袁隆平自 1981 年在国内获得新中国成立以来第一个特等发明奖之后，从 1985 年至 1995 年又连续荣获了数次国际性科学大奖。

　　1987 年 11 月，在法国巴黎，袁隆平获联合国教科文组织 1986—1987 年度科学奖。联合国教科文组织总干事姆博先生在颁奖会上称赞袁隆平取得的科研成果，是继 20 世纪 70 年代国际培育矮秆水稻之后的

"第二次绿色革命"。袁隆平将这次获奖的 1.5 万美元全部捐献给国家，作为杂交水稻奖励基金，以奖励在这一领域有突出贡献的中青年科学工作者，以期望中国在这一领域继续处于世界领先地位。对于袁隆平的举动，许多外国记者感到难以理解。在巴黎领奖时就有不少记者跟踪采访：

"袁先生，您把奖金全部献给国家，那么，你搞科研的动力是什么？"

△ 接受港台记者团的采访

袁隆平不假思索地回答记者："成绩与荣誉归功于祖国，祖国利益高于一切！"

记者们久久地思索着袁隆平的这一回答。因为他们不了解袁隆平是具有远大理想和抱负的科学家，更不了解他"先天下之忧而忧，后天下之乐而乐"的崇高精神境界。

1995 年，袁隆平荣获联合国粮农组织颁发的"粮食安全保障荣誉奖章"。全世界获此殊荣的仅 6 人，袁隆平是亚洲唯一的获奖者。

同年，袁隆平获首届"何梁何利基金生物学奖"。

何梁何利基金是香港恒生银行董事长利国伟先生、名誉董事长何善衡先生、资深董事梁铢琚博士和创办人之一何添出于崇尚科学、振兴中华的热忱，各捐资 1 亿港币在香港注册的科技奖励基金。该基金的宗旨是：奖励取得杰出成就的科学技术工作者，以促进中国的科学研究，振兴中华，推进国家现代化建设。

1995 年 1 月 12 日，首届何梁何利基金颁奖大会在北京人民大会堂隆重举行。袁隆平走上领奖台，说："何梁何利基金的建立，对于倡导崇尚科学、尊重人才的社会风尚将起到积极的推动作用，对于促进我国科学技术的发展具有重要的意义。这次我只是作为农业科技战线上的一个代表获得了首届'何梁何利基金生物学奖'，所得的荣誉应该属于全体农业科技战线上勇于攀登高峰的科技工作者。今后，我将更进一步努力工作，为我国的粮食增产做出更大的贡献。"获得首届"何梁何利基金奖"的有钱学森等 24 名著名科学家，每人获奖金 10 万港币。其中袁隆平是唯一的省级获奖人，也是农业科学领域中的唯一获奖者。

袁隆平的杂交稻，作为"绿色的和平使者"，在解决世界范围的饥饿问题上，正日益显示出强大的生命力。

当前，袁隆平关于超级稻的研究成果获得了国际水稻界的很高评价，继三系法、两系法杂交水稻之后，袁隆平的超级稻被誉为"新版的绿色神话"。人们预测，这"新版的绿色神话"，将以更强大的生命力，风靡世界，席卷全球⋯⋯

 # 踏遍青山人未老

★★★★★

人们说，袁隆平宛若深秋的叶片，渐渐地红透了，土地赐予他的古铜色的皮肤也慢慢地被时光雕刻上了皱褶。然而，他一颗奋进的心，却一如既往。

如今，袁隆平已是古稀之年的老人了，可是，年事高并没有阻挡住袁隆平对杂交稻事业的一片赤诚。

他眷恋海南三亚那无边无际的原野。

他爱海南三亚黎明前的美景：缕缕晨曦，点点朝霞，渐隐渐现。

他似乎害怕海南三亚正午那轮火红的太阳，它暴躁，它炙烤着广阔的原野，直烤得海南大地大汗淋漓。

当红日西沉，夜幕降临，和风拂面的时刻，他还没来得及回到他安歇的陋室，海南三亚那广阔的原野，又把他卷入一场突如其来的暴风骤雨之中……

置身于海南三亚这喜怒无常的原野之中，他不得不一次又一次地经受着暴风雨的"洗礼"。

在海南岛育种基地，供袁隆平安歇的居室简陋得不能再简陋了——一张简易的木床、两把竹椅。湖南杂交水稻研究中心为他购置了一台彩电，他坚持把彩电放在会议室，与大家一同蹲在凳子上，一边看电视，一边聊天，看完《新闻联播》，再继续他一天的工作。

他喜欢海南岛，喜欢海南岛的宁静。海南岛三亚荔枝沟的稻田总是静悄悄的，月亮的光辉在这里流淌，星光在这里更加灿烂，天穹显得那样高远，那样深不可测。他喜欢仰望海南岛夜晚的星空，喜欢观看头顶上那缓缓奔流的银河。他想到，这一条在我们祖先头顶上世世代代奔流的银河，是我们炎黄子孙繁衍生息的见证，我们这一代献给这浩瀚银河的将是一笔浓墨重彩。

秋天、冬天和春天，黑夜和白天的交替都是从他身边、从他心头开始的。于是，他拿起了小提琴，演奏起舒曼的《小夜曲》。猫头鹰飞来了，猫头鹰用它的铜号般的喉咙吹奏着长长的低音，各路草虫赶来争相放歌，他和它们共同演奏着一曲具有袁氏特色的交响乐……

他觉得，这曲子不是他用手演奏的，而是从心里缓缓流淌的，没有悲伤，只有悠扬，他被自己的曲调感动了。兴致所至，他面对他钟爱的杂交稻，高歌一曲俄罗斯的民歌——《库班河上的丰收曲》。

袁隆平这一生对杂交水稻的钟情，有一种近乎丝丝缕缕的爱的交融，或者说，有一种生生死死的缠绵。杂交稻的秧苗总是牵着他的心，把他这个古稀之年的老翁牵来海南岛的荔枝沟。

他每天一大早便跑进荔枝沟的原野。原野雾气迷漫，蓝色的雾气中，跳动着黎明的鲜活的光斑。他见到了那金子般珍贵的"超级稻"的秧苗，一种微妙的感觉涌上心头。在一片极为真实且又虚幻的绿色世界里，他播种着希望，播种着成功。

他所在的海南岛荔枝沟，到处是茂绿的秧苗，嫩绿的草，放眼望去，烟波浩渺。美丽迷人的岛上最常见的是松鼠和海燕。那活泼机灵的小松鼠时常是三五成群地在林间绿地上徜徉，根本不把身边的游人放在眼里，还时而冲人露出一张得意的笑脸。这里的松鼠爱打洞，或在树洞里栖息，或在林地、田埂上打洞穴居，更有胆大者竟把洞穴打到了袁隆平他们居住的院子里，把他辛辛苦苦种植的南瓜秧拖进洞中，成为它们的美味佳肴。

"人生易老天难老"，这是铁的自然规律。但袁隆平始终保持着那火热的激情，胸中总怀有一份美好的憧憬，总是尽力去开掘属于生命本质内涵的那份"青春"活力。这份青春活力，在正当青春年华时凸现得酣畅淋漓；在他步入老年的时候，依旧保持着"十月小阳春"。他总是循时而动。

人们称海南是我国育种家的天然大温室。袁隆平充分利用这个温室效应，三十多年来，一次又一次地从海南这块宝地起步，取得了一次又一次的成功。

1996 年，袁隆平提出了杂交水稻超高产育种计划。袁隆平的这一提议被国家农业部采纳，作为"超级杂交稻选育"立项，列入"863"计划。此后，全国 20 多家协作单位，数千名育种专家，又一次联合到海南岛攻关。5 年后，育成了以"培矮 64S"为母本的几个新组合。仅湖南、江苏两省便有 7 个百亩片，2 个千亩片，亩产超过 700 公斤。在云南永胜县的试验基地亩产水稻达到 1139 公斤，创下了世界水稻单产最高记录。按国际同行的鉴定原则，一个新组合，连续两年在两个以上百亩片试种达标，就可以宣告超级稻育种成功了。我国超级稻从海南岛起步，虽然尚不完善，但其研究成果已经走在了世界最前列。

"超级稻计划"又称水稻超高产育种计划，最早是由日本人于1980年提出并实施的。当年，日本计划用15年时间，育成单产超过700公斤的超高产水稻品种。1989年，国际水稻研究所也提出培育"超级水稻"的计划，以后定名为"新株型育种计划"。国

△ 袁隆平与科技人员在田间

际水稻研究所曾计划于2000年育成亩产700公斤的超级稻。为此，世界各水稻母产国竞相追随，各自提出并实施本国的"超级稻计划"。然而，由于技术路线选择失当，也由于他们不善于利用大温室的特殊功效，均未达到预期的目标，而不得不把实现超级稻计划的时间推迟到2005年。

我国超级稻研究为什么能够如此顺利地走在世界的最前列呢？

超级稻计划首席主持人袁隆平的回答是：我们首先是得益于正确的技术路线；其次是，我们很好地利用了海南岛这个天然大温室，所以大大加快了成功的步伐。

我国超级稻育种的技术路线主要有两条：一是形态改良，如矮秆、分蘖、大穗；二是杂交优势利用，如三系法品种间杂交、两系法亚种间杂交和一系法远缘杂交等。他说：

"其他育种技术，包括基因工程在内的分子育种技术，最终都要落实到形态改良和杂种优势利用上来。"

"以国际水稻研究所为代表的各国育种专家，单纯走形态改良的路子，其增产潜力有限。也有些专家单纯利用杂交优势，其增产效果也不明显，甚至只增产稻草不增产稻谷。我们研制的超级稻计划采用一条亚种间杂交与形态改良相结合的技术路线，效果最佳。"

"除了正确的技术路线以外，再就是得益于我们的三亚荔枝沟，得益于我们的天然大温室。"

自20世纪70年代开始推广杂交水稻以来，袁隆平和他的助手们培植的不育系有16个，大面积推广的杂交组合有50多个，这些不育系和杂交组合的培育和选育近一半的世代是通过南繁完成的。袁隆平说，没有南繁，就没有杂交稻的选育速度。

回顾三十多年来，为了抢时间，他和助手们冬天到海南培育一季水稻，次年 4 月间返回湖南再育两季。那时候从安江到海南，要到桂林改乘火车到湛江，再转汽车到濂江，再换乘渡舶到海口，然后转车到三亚，单程需要 7 天。转车难，买票难，个中艰辛难以尽述。

一次，袁隆平和助手尹华奇凌晨 2 点在车站排队买票。窗口前只有他师徒二人，熬过了三更乏、四更困和五更寒……8 点，窗口打开，售票员说："只有

△ 与助手一起在田间搞科研

两张票，在你们前面排的有两张小板凳，那是车站职工的，票只能卖给他们。"

袁隆平和尹华奇当时就像是两个农民：背一床草席，提一个水桶。未来的科技大师们当年就是挤在农民中间，坐在车厢的连接处，穿过广西赶赴海南的。

开始，袁隆平和当地的农民住在一起，行李中有三件宝是随身必带的：草席、蚊帐、水桶。到了住地，用水桶提几桶水冲个澡，就洗去了一天的劳累。卸一张门板，铺一张草席，挂上蚊帐就能躺下去过一夜。

在三亚，每当试验田稻种将要成熟的时候，漆黑的夜只有海风吹过的呼呼声，他们要防止田鼠偷吃稻种，因此要睡在田里。这里的田鼠大而猖狂，整夜地叫个不停。袁隆平和助手们轮流在田间用手电照，用棍子打，驱赶田鼠……

三十多个寒来暑往的南繁岁月，袁隆平硬是熬过来了。人们说，今日的科技伟人袁隆平，昔日犹如一只历经磨难的"幼虫"，不知受了多少皮肉之苦，终于蜕变成了一只翩翩飞舞的蝴蝶。可这只蝴蝶又瞄准了远方那炫目的光芒，一头扎进了火海。于是，他再次舍去了优裕的生活，重新开始了"超级稻"的研究，继续他南繁的艰苦岁月。他即使再蜕掉一层皮也心甘情愿，因为他是怀着"挑战饥饿"的一颗雄心去扑火的，用他的话来说，那是奔向一片新的光明。

此刻，他凝视着荔枝沟那无边无际的稻田，久久地出神，那眼神，时而美丽，时而欣慰，时而带些许忧伤。秋去春来三十载，稻田发生了很大的变化，他自己也渐渐地走向老年。

人们说，袁隆平宛若深秋的叶片，渐渐地红透了，花了眼睛，白了头发，红土地赐予他的古铜色的皮肤也慢慢地被时光雕刻上了皱褶。然而，他一颗奋进的心，永无休止的拼搏精神却一如既往。

在南繁的日子里，当他感到寂寞时，便与水稻对话，他以为水稻是他的朋友。他总是再三叮咛他那些年轻的助手们，要他们甘于寂寞，因为他自己是过来人了，他年轻的时候，也曾怀念那车水马龙的重庆青石板街。助手们总是以微笑作答。他没有学会训人，只会微笑，对任何人都报以谦恭的微笑。

　　袁隆平那"浪里白条"的绰号，从青年时代带入壮年时代，又带入老年时代。一天劳作之后，他常到大海里一显身手。每年都有来自内地从事南繁事业的"旱鸭子"成为袁隆平的"入海弟子"。

△ 袁隆平工作之余在大海中畅游

傍晚，到大海里自由自在地畅游是很惬意的，这是大自然对劳动者的恩赐。

他很瘦，但身体很健康，精神状态尤其好。

在海滩休息时，他对弟子们说：

"我发现一个大秘密，这世界存在太多免费的东西，例如阳光，空气中的氧，海面上的波浪，海滩的清风。"

他每天早晨都到海滩跑跑步，为的是多吸收一些免费的氧气，享受一下免费的阳光。他觉得这世界上的良辰美景，赏心乐事，到处皆是。那一片片小草争着向他奉献绿意，小鸟们为他歌唱，草虫为他奏乐……这世界存在如此多取之不尽、用之不竭的免费的好东西，是多么惬意啊！

《湘声报》记者李也陶、谢代炳在《走近袁隆平》一文中，记录了2001年袁隆平在海南岛三亚荔枝沟的"平常的一天"——

这一天早上，育种中心约40名专家、科研人员、博士、学员同在一个食堂里吃早餐，每人一碗很普通的面条。

早餐后，袁院士与几位老专家、助手罗孝和、周坤炉等围坐在一个水泥桌前研究杂交水稻的育种情况。

约8:20，袁院士上楼换了一双长统套鞋和一件短衫，下楼推了一辆单车，准备骑单车下田。

记者说："骑单车要注意安全啊。"

"没问题。"

"不买一台摩托下田？"

袁院士对骑摩托下田很感兴趣，笑着说："啊，是的，买一台摩托下田好些啊。"

"路不平，袁老师骑车要注意，今年——"

"今年 71 岁了，我是 1930 年出生的，你看我老了吗？"

　　"袁老师心态不老。"

　　袁院士停下来，很认真地说："听雷洁琼讲，'百岁笑嘻嘻，九十也不稀，八十多来兮，七十小弟弟'，我是小弟弟。"

　　"'多来兮'是什么意思？"

△ 骑摩托车是他的爱好之一

袁院士说："'很多'的意思吧，活到 80 岁的人很多呢！"

说着，袁院士推着单车紧跑几步，跨上单车上了公路。

这是一条简易的公路，大约 3 米来宽，偶有摩托车驶过，便会扬起一团灰尘。行约 500 米，袁院士将单车停在路边，下田。

这一片稻田是湖南杂交水稻研究中心的育种基地，约 60 亩，稻田被齐腰高的围墙围住。田埂和水沟边也稀稀落落地摆着一溜单车，研究人员都是一律骑单车下田。

袁院士越过一条水沟，走到他的助手朱运昌的试验田前细数着谷穗上的粒数，脸上露出了笑容。数谷穗的时候，袁院士不戴眼镜，坐在田埂上，左手小心地护着谷穗，右手一粒一粒地拨着。数完后同朱老师交谈，用一个二指宽的小计算机反复计算。然后开怀大笑说，理论上这个品种的杂交早稻达到了 999 公斤，按 80% 折算，接近 800 公斤，栽培技术如果跟上去，前景会很好。朱老师又报了几个数字，袁院士不语，搜索着记忆说："不对，你拿记录来看。"朱老师已经 63 岁，戴着眼镜，微胖。他跑到田的另一头，拿来记录，一看，"哦，还是袁老师记忆准确"。袁院士又蹲在田间笑眯眯地望着这片将要成熟的稻子，说："要告诉家里立即准备在湖南试种。"朱老师回答说已经布置了。朱老师告诉记者：这里所有的问题，袁先生都在田头解决，不再开任何会议，这已是几十年的惯例。在杂交水稻研究中心，这里的资深研究人员都称袁隆平院士为"袁先生"，青年人称袁院士为"袁老师"。

袁院士走进另一丘田，这里的杂交稻课题组负责人是一位博士，姓曹。曹博士很年轻，晒得很黑，戴一顶草帽，背一个书包，包内是一摞笔记本和书。袁院士点燃烟，很认真地回答曹博士的提问。

试验区的高处有一丘田，稻子还未扬花，这是研究栽培技术的。袁院士翻译了美国的一份技术资料，又写了自己的意见，交给一位"老把式"执行。这位"老把式"60年代曾是袁院士的学生，在县农业局退休后，又重在袁老师的指导下进行新的栽培技术的试验。此处种植技术与传统方法不同，田很干了才浇水，袁院士蹲下来抓起一把土捏紧，仔细地观察土壤的水分。

　　跨过一条水沟，袁院士高兴地指着一个在田间工作的青年，对记者说："他曾是一个最小的书记——村团支部书记。小书记也是书记啊，实验田干得好啊。"指导了这位青年后，袁院士和记者一前一后地走在尺来宽的田埂上，他说："现在的青年生活好多了，1000多元一个月的工资可以买三部单车。过去我要三年才能买一部单车。我1974年才买了一辆五羊牌单车，凤凰牌单车要180元，太贵。一年后才攒钱买了一块手表，再过了一年才又买了一台缝纫机。"

　　这时，一位负责人飞快地跑过来递过一个手机，高喊："袁先生，国外有人要找你。"大约是日本的一个组织要给袁院士授奖，袁院士站在田埂上接过手机，说4月份你们再来吧，现在水稻正抽穗，我没有时间呀!

　　远处有记者正在摄影，隔很远拍摄，一点也没有干扰袁院士的工作。下田时，袁院士曾说："我是搞研究的，不能当演员啊。"

　　每到一块田，袁院士都要看水稻的长势，与负责人谈这块田的水稻父本、母本的栽培情况等等。

　　11:40左右，袁隆平院士走上田埂，一边抽烟，一边检查抽水的情况。之后踩着单车回到住地。此时，试验田内的同志陆续回来，都是一律地穿长统套鞋，戴草帽，骑单车往回赶。这时候三亚的太阳已经把公路晒成一片白色，阳光晒得皮肤发热。

12:10，厨房内的一位大嫂将一条收拾好的小鱼、一碗豆腐、一碟花生米和一碗米饭送到袁院士房内，袁院士自己把这些半成品下锅做好后，开始吃中饭，他不吃肥肉，很喜欢吃花生米。

中饭后与几位专家交流上午收集的情况。

下午3:30，袁院士下楼，欣赏司机买回的一台咖啡色小摩托。袁院士发动摩托，笑得非常开心，骑着摩托下田。

晚6:30，袁院士骑摩托从田间回来吃晚饭。育种中心的三餐饭非常简单，记者看到公布的上个月伙食账平均每餐为1.81元。

晚7:30，袁院士与几位助手一边散步一边谈话，他走得很快。

晚8:00左右，与几位老专家打麻将，输家在桌子下钻一圈。

麻将散后，袁院士独自在卧室内看书写作。

这时候三亚荔枝沟非常安静，海风很柔和，山野田地沉浸在黑夜之中，只有育种基地的不少房间闪着灯光。

袁隆平的肠胃不好，患有过敏性肠炎，吃大锅饭有困难，便自己做饭炒菜。他总是重复地说，清茶淡饭对我最相宜。每顿饭前他都吃一点花生米，边做饭，边用手拣来一粒粒花生米不停地往嘴里送。他总是重复地说，这是边吃边做两不误，很节省时间。

原来，一个世界级科学家的生存需要就是这么简单。

袁隆平与杂交水稻，如同骆驼与沙漠，骏马与草原，鸟与树林，彼此相互依存，相互组合。哪里有杂交水稻科研的新课题，哪里就有袁隆平。湖南的冬天不能生长杂交水稻，那么，他便到海南岛去寻找冬天里的春天。

70 多岁，这个数字向人们昭示，袁隆平已经人到老年，但在科学研究中，他却是炉火纯青。这是青少年时代才华的积淀。青少年时代的才华如同一条暗河，在地下流淌，这条暗河一旦找到它的突破口，便会喷涌而出。生活是最好的老师，生活的曲折和磨难造就了袁隆平这位世界一流的农业科学家。

袁隆平无论参加多么重要的会议，只要他一回到杂交水稻研究中心，往往顾不得回家就直奔稻田，观察水稻生长情况。他永远奋战在科研第一线，全身心地扑在杂交水稻上，从而大大地缩短了科研周期。

就在这次参加国家科学技术奖励大会后，他从北京直飞海南三亚，当天下午就到试验基地，检查土壤情况，观察和测算稻穗，丈量植株的高度……

"忆君心似长江水，日夜东流无歇时。"

在成绩和荣誉面前，袁隆平继续突破他自己创立的三系法育种和两系法育种的模式，提出了杂交水稻的三系法、两系法再到一系法，水稻杂种优势利用从品种间到亚种间再到远缘杂种优势的构想，并且育成超级杂交稻，走向了全世界。他以年逾古稀的高龄带领他的助手们继续进行田间试验。袁隆平的助手朱运昌说："在科研事业中，往往老年人容易保守。可是，袁先生却不然。他已是老年人了，但他的学术思想永远年轻，他没有任何条条框框，总是敢于打破常规，不停地往前走。"

如今，科研资金充裕了，他们在海南三亚荔枝沟租用当地的农田建起了自己的育种基地。2000年冬天，他们在湖南杀了一头自己养的猪，制成腊肉，运到荔枝沟，用来改善生活。

　　袁隆平与他的助手们一道，在几十亩试验田周围砌上了齐腰高的围墙，用来防牛羊。但是，为防麻雀、鼠害，仍然需要日夜守候在田间。袁隆平和他的助手们一块儿轮流值班，白天手持一根竹竿，驱赶麻雀；夜晚则拿一只手电筒，驱赶田鼠。

　　袁隆平下水田干活，有时穿一双长筒胶鞋，有时

△ 与助手和学生在试验田中交流

嫌穿长筒鞋不随脚，干活不方便，便干脆打赤脚。当地农民都知道，那是著名的杂交水稻专家袁隆平在稻田劳作，他在解决天底下人的吃饭问题。

就在 2001 年春季，袁隆平和他的助手朱运昌在荔枝沟育种基地，试种了 2 亩杂交稻。袁隆平在北京参加授奖大会期间，几次把电话打到荔枝沟，询问那 2 亩稻田什么时候进水，什么时候出水。授奖完毕，他从北京直飞三亚，当天下午便赶去田间观察那 2 亩杂交稻的长势。荔枝沟生长的稻谷正值扬花灌浆季节，他一会儿钻进稻田，仔细测算植株分蘖情况，一会儿拨开穗子，测算子粒数目。

这天傍晚，他找到朱运昌，笑眯眯地说：

"朱子，好兆头啊，你侍弄的那 2 亩地我测算过了，单株分蘖，少的 50 根，多的 70 多根；每穗结子 300 多粒。"

朱运昌听了袁隆平一番话，惊诧地想：袁先生好厉害呀，我还没来得及仔细测算，他刚从北京庆功归来，便走到我前边了。

朱运昌惊诧不语，袁隆平以为他的助手担心他糟蹋了株苗，连忙笑嘻嘻地解释说："朱子，你放心，那稻穗我没敢多拔，只拔了 5 个穗子，不至于影响你计算单产吧？"

"哪里，哪里，我是惊诧袁先生刚从北京回来便得到了测算数据，我还没来得及测算，袁先生倒走在我前边了！"

"嘻嘻！兵贵神速嘛！"袁隆平与他的助手相处，总是那样亲切、随和。

2001 年春季，荔枝沟的 2 亩试验田增产 7%。返回长沙以后，他们在贺家山试验基地使用这种新栽培技术种植的 2 亩两系杂交早稻，平均亩产 550.75 公斤，比普通两系亚种间杂交早稻增产 10.5%。

"日出而作，日落而息"，这是农民终其一生的作息规律，也是袁

△ 与湖南农科院领导在杂交水稻试验田间观察

隆平的作息规律。

太阳出来便下地干活，与稻田打交道。袁隆平几乎干过所有的农活，如平地、耕田、播种、灌溉、插秧、锄草、施肥、收割……不同的杂交组合，有不同的生产过程，也就有了不同的生产环节和劳作方式。最原始的农业劳动，最危险的喷洒农药，最紧急的抢收抢种，他都冲在前面。

每当走近稻田，他心中便会涌起万种柔情。他对待水稻，像是柔情似水的情人，又像是温柔和蔼的母亲。在这个物质欲望越来越膨胀的年代，似乎世界也变得世俗化了。袁隆平面对碧绿的稻田，总是暗暗地告诫自己：坚守事业，坚守做人的尊严。袁隆平就这样在这个灯红酒绿的世界里，面对碧绿的稻田，守住了这个世界给他的一切光荣。

有人劝他，都已是古稀之年的老人了，在家张张嘴，到地里转转，也就算了，何必还那样汗流浃背地干活？他笑微微地说："劳动创造了人类，我可不能不劳动。想想看，不劳动便会使我回到爬行时代，说不定还会长出尾巴来呢！"

他的谈吐总是那样幽默诙谐。

"21世纪谁来养活中国人？"这是美国经济学家布朗博士提出的质疑。

袁隆平的头脑中始终装着一个坚定的答案：我们中国人自己养活自己。

为了这一质疑，袁隆平毅然向更高的峰巅——选育超级杂交稻发起冲击！他提出用3年至5年时间选育成功，亩产800公斤，米质达到部颁二级，可抵抗两种以上主要病虫害。

目前，我国杂交水稻平均亩产为460公斤，但随着已经培育成功的超级杂交稻的推广，水稻的亩产量可比现在提高150公斤左右。袁隆平预计，当超级杂交稻的种植面积达到2亿亩时，我国每年可增产稻谷600多亿公斤，届时杂交稻在我国粮食产量中的比重还会增大。

在新千年里，袁隆平以他神奇的大手笔还在续写着"绿色革命"的新篇章。

年逾古稀的袁隆平，其研究成果总是一项接着一项，创造的绿色神话一个接着一个。三十多年来，袁隆平在杂交水稻这个领域里始终保持着世界领先的地位。

→ 21世纪谁来养活中国人?

★★★★★

"21世纪谁来养活中国人?"这是美国经济学家布朗博士提出的命题。

袁隆平的回答是:"中国人用自己创造的高科技养活自己。"

当历史的长河推进到1999年的10月26日,中共中央在北京人民大会堂举行一批小行星命名仪式。其中,我国天文学家当年发现的8117号小行星,被命名为"袁隆平星"。袁隆平终于在太空中寻找到了那个属于自己的星座,这颗小行星从此在浩瀚的宇宙中闪烁翱翔!

2001年,袁隆平因在水稻科研事业方面的杰出贡献,荣获首届"国家最高科学技术奖"。当说,这是他此生的最高礼遇,是他荣誉的巅峰。然而,他却领悟到,一个人的生命最恒久的境界,依旧是拼搏和奉献。

袁隆平的名字,象征着一长串金光闪闪的重

量级的奖章——

1981 年，获我国首届特等发明奖；

1985 年，获联合国知识产权组织"发明和创造"金质奖；

1987 年，获联合国教科文组织 1986—1987 年度"科学奖"；

1988 年，获英国让克基金会"农学与营养奖"；

1993 年，获美国菲因斯特基金会"拯救饥饿奖"；

1995 年，获联合国粮农组织"粮食安全保障荣誉奖"；

1995 年，获何梁何利基金生物学奖；

1996 年，获日本经济新闻社"日经亚洲大奖"；

1997 年，获国际农作物杂种优势利用"先驱科学家"荣誉称号；

1998 年，获日本"越光国际水稻奖"。

……

袁隆平的母校——西南农业大学在建校 50 周年之际，张榜公布了他们的老校友袁隆平获得的上述一系列荣誉。

2000 年的年终岁尾，就在世纪交替的前夕，袁隆平应邀回到母校，参加母校 50 周年校庆。

袁隆平在校庆大会上，怀着喜悦的心情向新老校友宣告：我们所培育并推广的杂交水稻面积已经达到 2.3 亿亩，占我国水稻种植面积的一半，而杂交稻谷的产量则接近我国稻谷产量的六成。他说：

"'21 世纪谁来养活中国人？'这是美国经济学家布朗博士提出的命题。

"我们的回答是：中国人用自己创造的高科技养活自己。"

这时，西南农业大学的大礼堂里，爆发了经久不息的雷鸣般的掌声。

几千名校友聆听了袁隆平院士作的《我国发展杂交水稻的几个阶段》的精彩报告。最后，他向"师弟师妹"们传授了自己的"成才经"，他说：

"科研事业是创新的事业，要尊重权威，但不迷信权威，敢于向权威挑战。只有面对权威敢于质疑，才能够创新，才能够有所突破……"

几千名校友继续报以热烈的掌声。他接着说下去：

"和艺术家一样，科学家也需要灵感，灵感可以帮助科学家找到突破口。但是，我们要知道，灵感从来只青睐那些付出艰苦努力的探索者，不能指望躺在床上就能获得灵感，也不要指望经过几天的苦思冥想就能获得灵感……"

△ 在作关于"杂交水稻育种的战略设想"的学术报告

就在这次袁隆平返校后不久，新华社发布了一则消息，消息称：

自 70 年代推广杂交水稻以来，我国水稻亩产量比原来提高两成左右，每年可多产粮食数百亿公斤。目前，我国水稻种植面积是 4.6 亿亩，杂交水稻的种植面积是 2.3 亿亩，而杂交稻的产量则占了我国稻谷产量的 58%。

目前，我国的水稻种植面积主要分布在长江以南地区和北方一部分地区。其中东北地区 1.1 亿亩的粳稻由于杂交优势不强，至今仍以常规稻为主；太湖流域还有 1 亿多亩的粳稻和早籼稻，也属常规稻；其余约 2.3 亿亩已全部换成了杂交稻。

从 1976 年至 1999 年，我国累计推广种植杂交水稻 35 亿多亩，增产稻谷 3500 亿公斤，相当于每年解决 3500 万人口的吃饭问题，确保了我国以仅占世界 7% 的耕地，养活了占世界 22% 的人口。

袁隆平用他创造的这一系列振奋人心的数据迎来了新千年第一个美好的春天！

我国科学技术发展史上的第一次盛会，于 2001 年 2 月 19 日在北京人民大会堂隆重举行。

在这次会议上，江泽民主席向著名的数学家吴文俊和农业科学家袁隆平分别颁发了国家最高科学技术奖证书和 500 万元的奖金。

万人大会堂爆发出了雷鸣般的掌声。

新华社在《新闻背景》的专栏中，对于我们国家设置的"五大国家科学技术奖"作了如下介绍：

为了奖励在科学技术进步活动中做出突出贡献的公民、组织，调动科学技术工作者的积极性和创造性，加速科学技术事业的发展，提高综合国力，国务院设立了 5 项国家科学技术奖：国家最高科学技术奖、国家自然科学奖、国家技术发明奖、国家科学技术进步奖、中华人民共和国国际科学技术合作奖。

其中，国家最高科学技术奖每年授予人数不超过 2 名，获奖者必须在当代科学技术前沿取得重大突破或者在科学技术发展中有卓越建树；在科学技术创新、科学技术成果转化和高技术产业化中，创造巨大经济效益或者社会效益。获奖者的奖金额为 500 万元人民币。

国家自然科学奖授予在基础研究和应用基础研究中阐明自然现象、特征和规律，做出重大科学发现的公民；国家技术发明奖授予运用科学技术做出产品、工艺、材料及其系统等重大技术发明的公民；国家科学技术进步奖授予在应用推广先进科学技术成果，完成重大科学技术成果，完成重大科学技术工程、计划、项目等方面，做出突出贡献的公民、组织；中华人民共和国国际科学技术合作奖授予对中国科学事业做出重要贡献的外国人或者外国组织。

这些奖项每年评审一次。其中，国家最高科学技术奖报请国家主席签署并颁发证书和奖金；中华人民共和国国际科学技术合作奖由国务院颁发证书；这两个奖项不分等级。其他三个奖项由国务院颁发证书和奖金，分为一、二等奖两个等级，每年奖励项目总数不超过 400 项。

党和国家对此次颁奖之重视，可见一斑。

国务院总理朱镕基在讲话中，代表党中央、国务院向首次荣获国家最高科学技术奖的吴文俊和袁隆平表示热烈祝贺。他说：

获得国家最高科学技术奖这一崇高荣誉的吴文俊、袁隆平两位院士，是我国科技工作者的杰出代表。吴文俊院士在代数拓扑学领域的奠基性工作，半个世纪以来对国际数学领域的发展一直产生着广泛而积极的影响；他运用计算机进行数学定理证明和非线性方程组求解，彻底改变了数学机械化领域的面貌，为信息时代数学发展开辟了新途径。袁隆平院士突破经典遗传理论的禁区，提出水稻杂交新理论，实现了水稻育种的历史性突破。现在，我国杂交水稻的优良品种已占全国水稻种植面积的 50%，平均增产 20%。从推广种植杂交水稻以来，已累计增产稻谷 3500 亿公斤，产生了巨大的经济和社会效益。他们的卓越成就，不仅对我国科学技术和经济社会发展具有重大的影响，也是对人类文明进步的重要贡献。这再一次证明，中华民族是有智慧和创造力的民族。我们相信，两位院士的感人业绩，必将对我国科技工作者特别是年轻科学家努力奋斗，勇于攀登世界科学高峰，产生巨大的激励作用。我们设立国家最高科学技术奖和其他奖励，就是为了在全社会形成尊重知识、尊重科学、依靠科学的良好气氛，鼓励广大科技工作者通过不懈的努力，为我国的科技发展不断做出新的贡献。

袁隆平从江泽民主席手中接过首届"国家最高科学技术奖"证书以后，发表了热情洋溢的讲话，他说：

我作为农业科技战线的一位老兵，能代表我国广大的科技工作者，获得新中国成立以来第一个最高科技奖，感到无比光荣，这是党和国家给予我们科技工作者的极大关怀。回想我们杂交水稻研究的过程，每一步都得到了党和政府的巨大支持，江泽民总书记多次亲切地接见我，还亲自到我们湖南杂交水稻研究中心来视察，今天他又亲手把获奖证书颁发给我。李鹏、朱镕基两任总理都曾拨出专款支持杂交水稻研究。我们湖南省的历届领导都对杂交水稻研究给予了很大的关心与支持。各地党委、政府，各级有关部门，社会方方面面和广大群众，也都对这项研究予以多方支持和帮助。杂交水稻研究是在大家的支持和帮助下完成的，对一直关心和帮助杂交水稻研究的领导和同志们，我是非常感谢的……

科学研究无止境，杂交水稻研究是我永恒的事业、毕生的追求。现在我还有两个最大的心愿，第一个心愿是抓紧超级杂交稻的研究，尽快取得圆满成功。现在，这方面的研究工作已取得很大进展，所育成的第一阶段超级杂交稻在大面积多点示范中亩产达 700 公斤以上，每亩比现在的高产杂交稻增产 150 公斤。我们第二阶段的目标是育成大面积亩产 800 公斤、米质优良和抗性强的超级杂交稻。我向朱总理保证过，5 年达标，力争提前两年实现，今年是打基础的第一年，我们将更加努力地做好这项工作。

我的第二个心愿是让杂交水稻进一步走向世界，造福其他国家和人民。我始终认为杂交水稻这一科研成果不仅属于中国，也属于世界。通过大家努力，杂交水稻目前已在越南、印度大面积种植,增产十分明显；在菲律宾、巴基斯坦等国的开发工作进展也很顺利。我衷心希望杂交水稻这一成果不但能增强我们中国依靠自己力量解决吃饭问题的能力，同时，也将为人类战胜饥饿做出更大的贡献。

吴文俊院士在他的讲话中，除了赞扬袁隆平在杂交水稻科研事业中的突出成绩以外，还饶有兴趣地说：

"袁隆平院士看似一双在大田里捏惯了泥土和稻穗的大手，却能拨弄精美的小提琴的琴弦；看似如农夫般笨拙的嘴巴，却能讲出一口流利的英语……"

这天晚上，在国务院举办的庆功晚会上，袁隆平手拿小提琴，登上舞台为科技界的同行们，深情地演奏了一首舒伯特的《小夜曲》，又献上了一首《蓝色的多瑙河》。那优美的音乐，从手指间，从琴弦上缓缓流淌。一曲终了，人们带着惊异的表情，热烈地为他鼓掌，他的科技界的朋友们，似乎从晚会的舞台上，看到了一位充满浪漫色彩的袁隆平。

生命的华章，书写着袁隆平岁月的风采。或许，袁隆平应该引以自豪；或许，他应该引以自慰。命运将他引向了一次隆重的世纪盛会。刚刚跨入 21 世纪的 2001 年 2 月 19 日，袁隆平以他在杂交水稻科研方面的杰出贡献受到党和国家的表彰和重奖。以他古稀高龄、卓越的风采展示于世人，当说，这是他此生受到的最高礼遇，是他荣誉的巅峰。然而，漫漫旅途，使他领悟到，一个人生命最恒久的境界，依旧是拼搏和奉献……

 人类共同的财富

★★★★★

袁隆平发明的杂交水稻技术，增产的粮食每年为世界解决了 7000 万人的吃饭问题。人们说，袁隆平创造的杂交水稻，使世界将不再饥饿！

一位记者称，中国加入 WTO 以后，将会因为袁隆平创造的杂交水稻，使得世界农业领域变得更加精彩，更加光辉灿烂！

时针指向全球瞩目的这一时刻——

北京时间 2001 年 11 月 10 日 23 时 38 分，在卡塔尔首都多哈举行的世界贸易组织（WTO）第四届部长级会议，审议通过了中国加入世贸组织的决定。

这一刻，是 21 世纪世界经济发展的一个历史性时刻；

这一刻，使得我国对外开放事业进入了一个新的阶段；

这一刻，是中华民族又一个崭新的起点；

这一刻，我国杂交水稻事业服务于世界人民将翻开新的篇章。

消息传来，袁隆平心情异常激动。他说，我们要在杂交水稻领域发挥自身优势，把杂交水稻推广到全世界，造福世界人民，这是我毕生的愿望之一。

他说，中国加入 WTO，为杂交水稻"走出去"提供了更好的国际环境。我们的杂交水稻向世界敞开怀抱，我们的杂交水稻将拥有一个开放的全球市场。中国的杂交水稻将更深入、更广泛地融入世界经济发展的浪潮。

将杂交水稻推广到孟加拉、越南、缅甸、印度等发展中国家，以解决这些国家面临的粮食危机，这是袁隆平农业高科技股份有限公司在加入 WTO 以后的新形势下所采取的一项重大举措。

向世界推广杂交水稻，使发展中国家受益。以拥有万亩稻田的缅甸为例，倘若在该国以推广一半的面积计算，则可以获得平均亩产增加近一倍的巨大经济效益。据悉，袁隆平所带领的科技人员已经在缅甸取得了杂交水稻育种的初步成功，技术上已经毫无障碍。在缅甸发展我国杂交水稻的前景非常乐观。

2001年，据初步测算，我国杂交水稻大面积种植，平均每亩单产400.5公斤，与水稻亩产最先进的日本持平。而另一水稻大国印度，平均每亩单产只有290公斤。东南亚大多数水稻种植国与印度的平均产量相差无几。所以，杂交水稻一旦走向世界，其增产潜力之大，可想而知。

据世界粮农组织统计，目前有二十多个国家开始引种杂交稻。越南种植杂交稻累计超过10万公顷，印度超过20万公顷，并且取得了每公顷增产1吨至2吨稻谷的良好效果。

2007年五一前夕，一个特别的国际快递从太平洋彼岸抵达国家杂交水稻工程技术研究中心。袁隆平于4月29日在美国首都华盛顿正式就任美国科学院外籍院士，并出席了有世界数百名顶级科学家参加的美国科学院院士年会。中国只有七人获此殊荣，而其他六位全都是科学院院士，袁隆平院士是中国工程院院士中的唯一当选者。

美国科学院有着140多年的悠久历史，是世界顶级的科学院。每年美国科学院在世界各国评选出在世界某个科学领域最杰出的代表、为人类科学事业作出了巨大贡献的科学家为科学院外籍院士。本年度全世界有 18 位顶级科学家被评为美国科学院外籍院士，袁隆平院士和中国科学院常务副院长、中国科学院院士、我国著名的纳米技术专家白春礼共同当选。

　　世界著名科学家、诺贝尔化学奖获得者、美国科学院院长西瑟罗纳先生在新当选院士就职典礼上介绍袁隆平院士的当选理由时说：袁隆平先生发明的杂交水稻技术，为世界粮食安全作出了杰出贡献，增产的粮食每年为世界解决了 7000 万人的吃饭问题。是啊，人们说，因为袁隆平创造的杂交水稻，世界将不再饥饿！

后 记

革命英雄主义的绝唱

20 世纪 60 年代初，我们国家遇上了三年自然灾害，那凄惨的一幕，深深刺痛了袁隆平这位胸怀民生的科技工作者，他把自己的人生理想定格为"让所有人远离饥饿"，以此作为自己毕生的追求。为了早日实现自己的理想，袁隆平怀着急切心情，从事着水稻杂交的更代繁殖。四十多年以来，他如同一只候鸟，追赶着太阳，南繁北育，行程数十万里，经过千万次失败，矢志不渝。他终于用他的智慧和汗水谱写出了杂交水稻育种的壮丽篇章。袁隆平所培育的杂交水稻在我国大面积推广以后，累计增产粮食 4000 亿公斤，为中国和世界作出了重大贡献。不久以前，袁隆平院士还向世人宣布：杂交稻亩产要达到 900 公斤；同时要把杂交水稻推向全世界。他进一步设想，杂交水稻如果在世界范围内推广到 1500 万公顷，按每公顷增产两吨粮食计算，就能多产粮食 3000 万吨，就可多养活 1 亿多人口。这是多么广阔的胸怀，这是多么远大的抱负啊！

袁隆平院士既是科技伟人，也是非常单纯的人。袁隆平院士将自己喻为一粒种子。他说，要做一粒好的种子，身体、精神、情感都要健康。种子健康了，事业才能根深叶茂，才能枝粗果硕。我以为他的单纯代表了一种正直无私的品格。他为了实现"让更多人吃饱饭"的美好理想，单纯得很真挚，很纯洁，很高尚，很忘我，很无私。总之，袁隆平院士的美好理想、强烈的社会责任感和高尚的爱国主义情操，堪称革命理想主义和革命英雄主义的绝唱！

袁隆平院士已经是一位年愈八十岁的老人了，本该含饴弄孙、颐养天年了，可是，他却依然故我，坚守在杂交水稻生产研究工作的第一线。他每天准时下田，他说过这样一句话："我要与上帝争夺时间，力求为人民多做一点事情。"

温家宝总理探望袁隆平院士时，说过这样一句话："袁老作为老一辈科学家，为国家、为人民作出了卓越贡献，共和国不会忘记你们，人民不会忘记你们！"

是的，袁隆平院士作为功勋卓著的老一辈科学家，共和国不会忘记他，人民不会忘记他！

100位

新中国成立以来感动中国人物

丁晓兵　马万水　马永顺　马恒昌　马海德　中国女排五连冠群体

孔祥瑞　孔繁森　文花枝　方永刚　方红霄　毛岸英

王　杰　王　选　王　瑛　王乐义　王有德　王启民

王进喜　王顺友　邓平寿　邓建军　邓稼先　丛　飞

包起帆　史光柱　史来贺　叶　欣　甘远志　申纪兰

白芳礼　任长霞　刘文学　刘英俊　华罗庚　向秀丽

廷·巴特尔　许振超　达吾提·阿西木　邢燕子　吴大观

吴仁宝　吴天祥　吴金印　吴登云　宋鱼水　张　华

张云泉　张秉贵　张海迪　时传祥　李四光　李春燕

李桂林和陆建芬夫妇　李素芝　李梦桃　李登海　杨利伟

杨怀远　杨根思　苏　宁　谷文昌　邰丽华　邱少云

邱光华　邱娥国　陈景润　麦贤得　孟　泰　孟二冬

林　浩　林巧稚　林秀贞　欧阳海　罗映珍　罗健夫

罗盛教　草原英雄小姐妹　赵梦桃　钟南山　唐山十三农民

容国团　徐　虎　秦文贵　袁隆平　钱学森　常香玉

黄继光　彭加木　焦裕禄　蒋筑英　谢延信　韩素云

窦铁成　赖　宁　雷　锋　谭　彦　谭千秋　谭竹青

樊锦诗

图书在版编目（CIP）数据

袁隆平 / 祁淑英著. -- 长春：吉林文史出版社，
2012.6（2024.5重印）
（100位新中国成立以来感动中国人物）
ISBN 978-7-5472-1084-0

Ⅰ. ①袁… Ⅱ. ①祁… Ⅲ. ①袁隆平—生平事
迹—青年读物②袁隆平—生平事迹—少年读物 Ⅳ.
①K826.3-49

中国版本图书馆CIP数据核字（2012）第135793号

袁隆平

YUANLONGPING

著/ 祁淑英

选题策划/ 王尔立　责任编辑/ 王尔立 李洁华 马华 任玉茗

装帧设计/ 韩璘

出版发行/ 吉林文史出版社

地址/ 长春市福祉大路5788号　邮编/ 130118

电话/ 0431-81629363　传真/ 0431-86037589

印刷/ 天津海德伟业印务有限公司

版次/ 2012年8月第1版 2024年5月第5次印刷

开本/ 640mm×920mm　1/16

印张/ 9 字数/ 100千

书号/ ISBN 978-7-5472-1084-0

定价/ 29.80元